I0170377

LETÃO

VOCABULÁRIO

PALAVRAS MAIS ÚTEIS

PORTUGUÊS LETÃO

Para alargar o seu léxico e apurar
as suas competências linguísticas

3000 palavras

Vocabulário Português-Letão - 3000 palavras

Por Andrey Taranov

Os vocabulários da T&P Books destinam-se a ajudar a aprender, a memorizar, e a rever palavras estrangeiras. O dicionário é dividido em temas, cobrindo todas as principais esferas de atividades quotidianas, negócios, ciência, cultura, etc.

O processo de aprendizagem, utilizando os dicionários baseados em temáticas da T&P Books dá-lhe as seguintes vantagens:

- Informação de origem corretamente agrupada predetermina o sucesso em fases subsequentes da memorização de palavras
- Disponibilização de palavras derivadas da mesma raiz, o que permite a memorização de unidades de texto (em vez de palavras separadas)
- Pequenas unidades de palavras facilitam o processo de estabelecimento de vínculos associativos necessários para a consolidação do vocabulário
- O nível de conhecimento da língua pode ser estimado pelo número de palavras aprendidas

T&P Books Publishing
www.tpbooks.com

ISBN: 978-1-78400-956-4

Este livro também está disponível em formato E-book.
Por favor visite www.tpbooks.com ou as principais livrarias on-line.

VOCABULÁRIO LETÃO
palavras mais úteis

Os vocabulários da T&P Books destinam-se a ajudar a aprender, a memorizar, e a rever palavras estrangeiras. O vocabulário contém mais de 3000 palavras de uso comum organizadas tematicamente.

O vocabulário contém as palavras mais comummente usadas
Recomendado como adicional para qualquer curso de línguas
Satisfaz as necessidades dos iniciados e dos alunos avançados de línguas estrangeiras
Conveniente para o uso diário, sessões de revisão e atividades de auto-teste
Permite avaliar o seu vocabulário

Características especias do vocabulário

· As palavras estão organizadas de acordo com o seu significado, e não por ordem alfabética
· As palavras são apresentadas em três colunas para facilitar os processos de revisão e auto-teste
· As palavras compostas são divididas em pequenos blocos para facilitar o processo de aprendizagem
· O vocabulário oferece uma transcrição simples e adequada de cada palavra estrangeira

O vocabulário contém 101 tópicos incluindo:

Conceitos básicos, Números, Cores, Meses, Estações do ano, Unidades de medida, Roupas & Acessórios, Alimentos & Nutrição, Restaurante, Membros da Família, Parentes, Caráter, Sentimentos, Emoções, Doenças, Cidade, Passeios, Compras, Dinheiro, Casa, Lar, Escritório, Trabalho no Escritório, Importação & Exportação, Marketing, Pesquisa de Emprego, Desportos, Educação, Computador, Internet, Ferramentas, Natureza, Países, Nacionalidades e muito mais ...

TABELA DE CONTEÚDOS

GUIA DE PRONUNCIAÇÃO

Letra	Exemplo Letão	Alfabeto fonético T&P	Exemplo Português

Vogais

Letra	Exemplo Letão	Alfabeto fonético	Exemplo Português
A a	adata	[ɑ]	chamar
Ā ā	ābols	[ɑ:]	rapaz
E e	egle	[e], [æ]	mover
Ē ē	ērglis	[e:], [æ:]	plateia
I i	izcelsme	[i]	sinónimo
Ī ī	īpašums	[i:]	cair
O o	okeāns	[o], [o:]	noite
U u	ubags	[u]	bonita
Ū ū	ūdens	[u:]	blusa

Consoantes

Letra	Exemplo Letão	Alfabeto fonético	Exemplo Português
B b	bads	[b]	barril
C c	cālis	[ts]	tsé-tsé
Č č	čaumala	[tʃ]	Tchau!
D d	dambis	[d]	dentista
F f	flauta	[f]	safári
G g	gads	[g]	gosto
Ģ ģ	ģitāra	[dʲ]	adiar
H h	haizivs	[h]	[h] aspirada
J j	janvāris	[j]	géiser
K k	kabata	[k]	kiwi
Ķ ķ	ķilava	[tʲ/tʃ]	semelhante a 't' em 'sitiado'
L l	labība	[l]	libra
Ļ ļ	ļaudis	[ʎ]	barulho
M m	magone	[m]	magnólia
N n	nauda	[n]	natureza
Ņ ņ	ņaudēt	[ɲ]	ninhada
P p	pakavs	[p]	presente
R r	ragana	[r]	riscar
S s	sadarbība	[s]	sanita
Š š	šausmas	[ʃ]	mês
T t	tabula	[t]	tulipa
V v	vabole	[v]	fava

Letra	Exemplo Letão	Alfabeto fonético T&P	Exemplo Português
Z z	zaglis	[z]	sésamo
Ž ž	žagata	[ʒ]	talvez

Comentários

* As letras **Qq, Ww, Xx, Yy** são usadas apenas em estrangeirismos
** O Letão oficial e, com poucas exceções, todos os dialetos da Letónia têm acentuação fixa inicial.

ABREVIATURAS
usadas no vocabulário

Abreviaturas do Português

adj	-	adjetivo
adv	-	advérbio
anim.	-	animado
conj.	-	conjunção
desp.	-	desporto
etc.	-	etecetra
ex.	-	por exemplo
f	-	nome feminino
f pl	-	feminino plural
fem.	-	feminino
inanim.	-	inanimado
m	-	nome masculino
m pl	-	masculino plural
m, f	-	masculino, feminino
masc.	-	masculino
mat.	-	matemática
mil.	-	militar
pl	-	plural
prep.	-	preposição
pron.	-	pronome
sb.	-	sobre
sing.	-	singular
v aux	-	verbo auxiliar
vi	-	verbo intransitivo
vi, vt	-	verbo intransitivo, transitivo
vr	-	verbo reflexivo
vt	-	verbo transitivo

Abreviaturas do Letão

s	-	nome feminino
s dsk	-	feminino plural
v	-	nome masculino
v dsk	-	masculino plural
v, s	-	masculino, feminino

CONCEITOS BÁSICOS

1. Pronomes

eu	es	[es]
tu	tu	[tu]
ele	viņš	[viɲʃ]
ela	viņa	[viɲa]
ele, ela (neutro)	tas	[tas]
nós	mēs	[meːs]
vocês	jūs	[juːs]
eles, elas	viņi	[viɲi]

2. Cumprimentos. Saudações

Olá!	Sveiki!	[svɛiki!]
Bom dia! (formal)	Esiet sveicināts!	[ɛsiɛt svɛitsinaːts!]
Bom dia! (de manhã)	Labrīt!	[labriːt!]
Boa tarde!	Labdien!	[labdiɛn!]
Boa noite!	Labvakar!	[labvakar!]
cumprimentar (vt)	sveicināt	[svɛitsinaːt]
Olá!	Čau!	[tʃau!]
saudação (f)	sveiciens (v)	[svɛitsiɛns]
saudar (vt)	pasveicināt	[pasvɛitsinaːt]
Como vai?	Kā iet?	[kaː iɛt?]
O que há de novo?	Kas jauns?	[kas jauns?]
Adeus! (formal)	Uz redzēšanos!	[uz redzeːʃanɔs!]
Até à vista! (informal)	Atā!	[ataː!]
Até breve!	Uz tikšanos!	[uz tikʃanɔs!]
Adeus!	Ardievu!	[ardiɛvu!]
despedir-se (vr)	atvadīties	[atvadiːtiɛs]
Até logo!	Nu tad pagaidām!	[nu tad pagaidaːm!]
Obrigado! -a!	Paldies!	[paldiɛs!]
Muito obrigado! -a!	Liels paldies!	[liɛls paldiɛs!]
De nada	Lūdzu	[luːdzu]
Não tem de quê	Nav par ko	[nav par kɔ]
De nada	Nav par ko	[nav par kɔ]
Desculpa!	Atvaino!	[atvainɔ!]
Desculpe!	Atvainojiet!	[atvainɔjiɛt!]
desculpar (vt)	piedot	[piɛdot]
desculpar-se (vr)	atvainoties	[atvainɔtiɛs]
As minhas desculpas	Es atvainojos	[es atvainɔjɔs]

Desculpe!	Piedodiet!	[piɛdɔdiɛt!]
perdoar (vt)	piedot	[piɛdɔt]
Não faz mal	Tas nekas	[tas nɛkas]
por favor	lūdzu	[lu:dzu]

Não se esqueça!	Neaizmirstiet!	[neaizmirstiɛt!]
Certamente! Claro!	Protams!	[prɔtams!]
Claro que não!	Protams, ka nē!	[prɔtams, ka ne:!]
Está bem! De acordo!	Piekrītu!	[piɛkri:tu!]
Basta!	Pietiek!	[piɛtiɛk!]

3. Questões

Quem?	Kas?	[kas?]
Que?	Kas?	[kas?]
Onde?	Kur?	[kur?]
Para onde?	Uz kurieni?	[uz kuriɛni?]
De onde?	No kurienes?	[nɔ kuriɛnes?]
Quando?	Kad?	[kad?]
Para quê?	Kādēļ?	[ka:de:ļ?]
Porquê?	Kāpēc?	[ka:pe:ts?]

Para quê?	Kam?	[kam?]
Como?	Kā?	[ka:?]
Qual?	Kāds?	[ka:ds?]
Qual? (entre dois ou mais)	Kurš?	[kurʃ?]

A quem?	Kam?	[kam?]
Sobre quem?	Par kuru?	[par kuru?]
Do quê?	Par ko?	[par kɔ?]
Com quem?	Ar ko?	[ar kɔ?]

Quantos? -as?	Cik daudz?	[tsik daudz?]
Quanto?	Cik?	[tsik?]
De quem?	Kura? Kuras? Kuru?	[kura?], [kuras?], [kuru?]

4. Preposições

com (prep.)	ar	[ar]
sem (prep.)	bez	[bez]
a, para (exprime lugar)	uz	[uz]
sobre (ex. falar ~)	par	[par]
antes de ...	pirms	[pirms]
diante de ...	priekšā	[priɛkʃa:]

sob (debaixo de)	zem	[zem]
sobre (em cima de)	virs	[virs]
sobre (~ a mesa)	uz	[uz]
de (vir ~ Lisboa)	no	[nɔ]
de (feito ~ pedra)	no	[nɔ]
dentro de (~ dez minutos)	pēc	[pe:ts]
por cima de ...	caur	[tsaur]

12

5. Palavras funcionais. Advérbios. Parte 1

Onde?	Kur?	[kur?]
aqui	šeit	[ʃɛit]
lá, ali	tur	[tur]
em algum lugar	kaut kur	[kaut kur]
em lugar nenhum	nekur	[nɛkur]
ao pé de ...	pie ...	[piɛ ...]
ao pé da janela	pie loga	[piɛ lɔga]
Para onde?	Uz kurieni?	[uz kuriɛni?]
para cá	šurp	[ʃurp]
para lá	turp	[turp]
daqui	no šejienes	[nɔ ʃejiɛnes]
de lá, dali	no turienes	[nɔ turiɛnes]
perto	tuvu	[tuvu]
longe	tālu	[ta:lu]
perto de ...	pie	[piɛ]
ao lado de	blakus	[blakus]
perto, não fica longe	netālu	[nɛta:lu]
esquerdo	kreisais	[krɛisais]
à esquerda	pa kreisi	[pa krɛisi]
para esquerda	pa kreisi	[pa krɛisi]
direito	labais	[labais]
à direita	pa labi	[pa labi]
para direita	pa labi	[pa labi]
à frente	priekšā	[priɛkʃa:]
da frente	priekšējs	[priɛkʃe:js]
em frente (para a frente)	uz priekšu	[uz priɛkʃu]
atrás de ...	mugurpusē	[mugurpuse:]
por detrás (vir ~)	no mugurpuses	[nɔ mugurpuses]
para trás	atpakaļ	[atpakalʲ]
meio (m), metade (f)	vidus (v)	[vidus]
no meio	vidū	[vidu:]
de lado	sānis	[sa:nis]
em todo lugar	visur	[visur]
ao redor (olhar ~)	apkārt	[apka:rt]
de dentro	no iekšpuses	[nɔ iɛkʃpuses]
para algum lugar	kaut kur	[kaut kur]
diretamente	taisni	[taisni]
de volta	atpakaļ	[atpakalʲ]
de algum lugar	no kaut kurienes	[nɔ kaut kuriɛnes]
de um lugar	nez no kurienes	[nez nɔ kuriɛnes]

em primeiro lugar	pirmkārt	[pirmka:rt]
em segundo lugar	otrkārt	[ɔtrka:rt]
em terceiro lugar	treškārt	[treʃka:rt]

de repente	pēkšņi	[pe:kʃɲi]
no início	sākumā	[sa:kuma:]
pela primeira vez	pirmo reizi	[pirmɔ rɛizi]
muito antes de ...	ilgu laiku pirms ...	[ilgu laiku pirms ...]
de novo, novamente	no jauna	[nɔ jauna]
para sempre	uz visiem laikiem	[uz visiɛm laikiɛm]

nunca	nekad	[nɛkad]
de novo	atkal	[atkal]
agora	tagad	[tagad]
frequentemente	bieži	[biɛʒi]
então	tad	[tad]
urgentemente	steidzami	[stɛidzami]
usualmente	parasti	[parasti]

a propósito, ...	starp citu ...	[starp tsitu ...]
é possível	iespējams	[iɛspe:jams]
provavelmente	ticams	[titsams]
talvez	varbūt	[varbu:t]
além disso, ...	turklāt, ...	[turkla:t, ...]
por isso ...	tādēļ ...	[ta:de:lʲ ...]
apesar de ...	neskatoties uz ...	[neskatɔties uz ...]
graças a ...	pateicoties ...	[patɛitsɔties ...]

que (pron.)	kas	[kas]
que (conj.)	kas	[kas]
algo	kaut kas	[kaut kas]
alguma coisa	kaut kas	[kaut kas]
nada	nekas	[nɛkas]

quem	kas	[kas]
alguém (~ teve uma ideia ...)	kāds	[ka:ds]
alguém	kāds	[ka:ds]

ninguém	neviens	[neviɛns]
para lugar nenhum	nekur	[nɛkur]
de ninguém	neviena	[neviɛna]
de alguém	kāda	[ka:da]

tão	tā	[ta:]
também (gostaria ~ de ...)	tāpat	[ta:pat]
também (~ eu)	arī	[ari:]

6. Palavras funcionais. Advérbios. Parte 2

Porquê?	Kāpēc?	[ka:pe:ts?]
por alguma razão	nez kāpēc	[nez ka:pe:ts]
porque ...	tāpēc ka ...	[ta:pe:ts ka ...]
por qualquer razão	nez kādēļ	[nez ka:de:lʲ]
e (tu ~ eu)	un	[un]

ou (ser ~ não ser)	vai	[vai]
mas (porém)	bet	[bet]
para (~ a minha mãe)	priekš	[priɛkʃ]
demasiado, muito	pārāk	[pa:ra:k]
só, somente	tikai	[tikai]
exatamente	tieši	[tiɛʃi]
cerca de (~ 10 kg)	apmēram	[apmɛ:ram]
aproximadamente	aptuveni	[aptuveni]
aproximado	aptuvens	[aptuvens]
quase	gandrīz	[gandri:z]
resto (m)	pārējais	[pa:re:jais]
o outro (segundo)	cits	[tsits]
outro	cits	[tsits]
cada	katrs	[katrs]
qualquer	jebkurš	[jebkurʃ]
muito	daudz	[daudz]
muitas pessoas	daudzi	[daudzi]
todos	visi	[visi]
em troca de ...	apmaiņā pret ...	[apmaiɲa: pret ...]
em troca	pretī	[preti:]
à mão	ar rokām	[ar rɔka:m]
pouco provável	diez vai	[diɛz vai]
provavelmente	laikam	[laikam]
de propósito	tīšām	[ti:ʃa:m]
por acidente	nejauši	[nejauʃi]
muito	ļoti	[ʎɔti]
por exemplo	piemēram	[piɛmɛ:ram]
entre	starp	[starp]
entre (no meio de)	vidū	[vidu:]
tanto	tik daudz	[tik daudz]
especialmente	īpaši	[i:paʃi]

NÚMEROS. DIVERSOS

7. Números cardinais. Parte 1

zero	**nulle**	[nulle]
um	**viens**	[viɛns]
dois	**divi**	[divi]
três	**trīs**	[tri:s]
quatro	**četri**	[tʃetri]
cinco	**pieci**	[piɛtsi]
seis	**seši**	[seʃi]
sete	**septiņi**	[septiɲi]
oito	**astoņi**	[astɔɲi]
nove	**deviņi**	[deviɲi]
dez	**desmit**	[desmit]
onze	**vienpadsmit**	[viɛnpadsmit]
doze	**divpadsmit**	[divpadsmit]
treze	**trīspadsmit**	[tri:spadsmit]
catorze	**četrpadsmit**	[tʃetrpadsmit]
quinze	**piecpadsmit**	[piɛtspadsmit]
dezasseis	**sešpadsmit**	[seʃpadsmit]
dezassete	**septiņpadsmit**	[septiɲpadsmit]
dezoito	**astoņpadsmit**	[astɔɲpadsmit]
dezanove	**deviņpadsmit**	[deviɲpadsmit]
vinte	**divdesmit**	[divdesmit]
vinte e um	**divdesmit viens**	[divdesmit viɛns]
vinte e dois	**divdesmit divi**	[divdesmit divi]
vinte e três	**divdesmit trīs**	[divdesmit tri:s]
trinta	**trīsdesmit**	[tri:sdesmit]
trinta e um	**trīsdesmit viens**	[tri:sdesmit viɛns]
trinta e dois	**trīsdesmit divi**	[tri:sdesmit divi]
trinta e três	**trīsdesmit trīs**	[tri:sdesmit tri:s]
quarenta	**četrdesmit**	[tʃetrdesmit]
quarenta e um	**četrdesmit viens**	[tʃetrdesmit viɛns]
quarenta e dois	**četrdesmit divi**	[tʃetrdesmit divi]
quarenta e três	**četrdesmit trīs**	[tʃetrdesmit tri:s]
cinquenta	**piecdesmit**	[piɛtsdesmit]
cinquenta e um	**piecdesmit viens**	[piɛtsdesmit viɛns]
cinquenta e dois	**piecdesmit divi**	[piɛtsdesmit divi]
cinquenta e três	**piecdesmit trīs**	[piɛtsdesmit tri:s]
sessenta	**sešdesmit**	[seʃdesmit]
sessenta e um	**sešdesmit viens**	[seʃdesmit viɛns]

sessenta e dois	sešdesmit divi	[seʃdesmit divi]
sessenta e três	sešdesmit trīs	[seʃdesmit tri:s]
setenta	septiņdesmit	[septiņdesmit]
setenta e um	septiņdesmit viens	[septiņdesmit viɛns]
setenta e dois	septiņdesmit divi	[septiņdesmit divi]
setenta e três	septiņdesmit trīs	[septiņdesmit tri:s]
oitenta	astoņdesmit	[astoņdesmit]
oitenta e um	astoņdesmit viens	[astoņdesmit viɛns]
oitenta e dois	astoņdesmit divi	[astoņdesmit divi]
oitenta e três	astoņdesmit trīs	[astoņdesmit tri:s]
noventa	deviņdesmit	[deviņdesmit]
noventa e um	deviņdesmit viens	[deviņdesmit viɛns]
noventa e dois	deviņdesmit divi	[deviņdesmit divi]
noventa e três	deviņdesmit trīs	[deviņdesmit tri:s]

8. Números cardinais. Parte 2

cem	simts	[simts]
duzentos	divsimt	[divsimt]
trezentos	trīssimt	[tri:simt]
quatrocentos	četrsimt	[tʃetrsimt]
quinhentos	piecsimt	[piɛtsimt]
seiscentos	sešsimt	[seʃsimt]
setecentos	septiņsimt	[septiņsimt]
oitocentos	astoņsimt	[astoņsimt]
novecentos	deviņsimt	[deviņsimt]
mil	tūkstotis	[tu:kstotis]
dois mil	divi tūkstoši	[divi tu:kstoʃi]
De quem são ...?	trīs tūkstoši	[tri:s tu:kstoʃi]
dez mil	desmit tūkstoši	[desmit tu:kstoʃi]
cem mil	simt tūkstoši	[simt tu:kstoʃi]
um milhão	miljons (v)	[miljons]
mil milhões	miljards (v)	[miljards]

9. Números ordinais

primeiro	pirmais	[pirmais]
segundo	otrais	[otrais]
terceiro	trešais	[treʃais]
quarto	ceturtais	[tsɛturtais]
quinto	piektais	[piɛktais]
sexto	sestais	[sestais]
sétimo	septītais	[septi:tais]
oitavo	astotais	[astotais]
nono	devītais	[devi:tais]
décimo	desmitais	[desmitais]

CORES. UNIDADES DE MEDIDA

10. Cores

cor (f)	krāsa (s)	[kra:sa]
matiz (m)	nokrāsa (s)	[nɔkra:sa]
tom (m)	tonis (v)	[tɔnis]
arco-íris (m)	varavīksne (s)	[varavi:ksne]

branco	balts	[balts]
preto	melns	[melns]
cinzento	pelēks	[pɛle:ks]

verde	zaļš	[zalʲʃ]
amarelo	dzeltens	[dzeltens]
vermelho	sarkans	[sarkans]

azul	zils	[zils]
azul claro	gaiši zils	[gaiʃi zils]
rosa	rozā	[rɔza:]
laranja	oranžs	[ɔranʒs]
violeta	violets	[viɔlets]
castanho	brūns	[bru:ns]

dourado	zelta	[zelta]
prateado	sudrabains	[sudrabains]

bege	bēšs	[be:ʃs]
creme	krēmkrāsas	[kre:mkra:sas]
turquesa	zilganzaļš	[zilganzalʲʃ]
vermelho cereja	ķiršu brīns	[tʲirʃu bri:ns]
lilás	lillā	[lilla:]
carmesim	aveņkrāsas	[aveŋkra:sas]

claro	gaišs	[gaiʃs]
escuro	tumšs	[tumʃs]
vivo	spilgts	[spilgts]

de cor	krāsains	[kra:sains]
a cores	krāsains	[kra:sains]
preto e branco	melnbalts	[melnbalts]
unicolor	vienkrāsains	[viɛnkra:sains]
multicor	daudzkrāsains	[daudzkra:sains]

11. Unidades de medida

peso (m)	svars (v)	[svars]
comprimento (m)	garums (v)	[garums]

largura (f)	platums (v)	[platums]
altura (f)	augstums (v)	[augstums]
profundidade (f)	dziļums (v)	[dziļums]
volume (m)	apjoms (v)	[apjoms]
área (f)	laukums (v)	[laukums]

grama (m)	grams (v)	[grams]
miligrama (m)	miligrams (v)	[miligrams]
quilograma (m)	kilograms (v)	[kilograms]
tonelada (f)	tonna (s)	[tonna]
libra (453,6 gramas)	mārciņa (s)	[maːrtsiņa]
onça (f)	unce (s)	[untse]

metro (m)	metrs (v)	[metrs]
milímetro (m)	milimetrs (v)	[milimetrs]
centímetro (m)	centimetrs (v)	[tsentimetrs]
quilómetro (m)	kilometrs (v)	[kilometrs]
milha (f)	jūdze (s)	[juːdze]

polegada (f)	colla (s)	[tsolla]
pé (304,74 mm)	pēda (s)	[pɛːda]
jarda (914,383 mm)	jards (v)	[jards]

| metro (m) quadrado | kvadrātmetrs (v) | [kvadraːtmetrs] |
| hectare (m) | hektārs (v) | [xektaːrs] |

litro (m)	litrs (v)	[litrs]
grau (m)	grāds (v)	[graːds]
volt (m)	volts (v)	[volts]
ampere (m)	ampērs (v)	[ampɛːrs]
cavalo-vapor (m)	zirgspēks (v)	[zirgspeːks]

quantidade (f)	daudzums (v)	[daudzums]
um pouco de ...	nedaudz ...	[nɛdaudz ...]
metade (f)	puse (s)	[puse]
dúzia (f)	ducis (v)	[dutsis]
peça (f)	gabals (v)	[gabals]

| dimensão (f) | izmērs (v) | [izmɛːrs] |
| escala (f) | mērogs (v) | [meːrogs] |

mínimo	minimāls	[minimaːls]
menor, mais pequeno	vismazākais	[vismazaːkais]
médio	vidējs	[videːjs]
máximo	maksimāls	[maksimaːls]
maior, mais grande	vislielākais	[vislielaːkais]

12. Recipientes

boião (m) de vidro	burka (s)	[burka]
lata (~ de cerveja)	bundža (s)	[bundʒa]
balde (m)	spainis (v)	[spainis]
barril (m)	muca (s)	[mutsa]
bacia (~ de plástico)	bļoda (s)	[bļoda]

tanque (m)	**tvertne** (s)	[tvɛrtne]
cantil (m) de bolso	**blašķe** (s)	[blaʃt‘e]
bidão (m) de gasolina	**kanna** (s)	[kanna]
cisterna (f)	**cisterna** (s)	[tsisterna]
caneca (f)	**krūze** (s)	[kru:ze]
chávena (f)	**tase** (s)	[tase]
pires (m)	**apakštase** (s)	[apakʃtase]
copo (m)	**glāze** (s)	[gla:ze]
taça (f) de vinho	**pokāls** (v)	[pɔka:ls]
panela, caçarola (f)	**kastrolis** (v)	[kastrɔlis]
garrafa (f)	**pudele** (s)	[pudɛle]
gargalo (m)	**kakliņš** (v)	[kaklinʃ]
jarro, garrafa (f)	**karafe** (s)	[karafe]
jarro (m) de barro	**krūka** (s)	[kru:ka]
recipiente (m)	**trauks** (v)	[trauks]
pote (m)	**pods** (v)	[pɔds]
vaso (m)	**vāze** (s)	[va:ze]
frasco (~ de perfume)	**flakons** (v)	[flakɔns]
frasquinho (ex. ~ de iodo)	**pudelīte** (s)	[pudeli:te]
tubo (~ de pasta dentífrica)	**tūbiņa** (s)	[tu:bina]
saca (ex. ~ de açúcar)	**maiss** (v)	[mais]
saco (~ de plástico)	**maisiņš** (v)	[maisinʃ]
maço (m)	**paciņa** (s)	[patsina]
caixa (~ de sapatos, etc.)	**kārba** (s)	[ka:rba]
caixa (~ de madeira)	**kastīte** (s)	[kasti:te]
cesta (f)	**grozs** (v)	[grɔzs]

VERBOS PRINCIPAIS

13. Os verbos mais importantes. Parte 1

abrir (vt)	atvērt	[atve:rt]
acabar, terminar (vt)	beigt	[bɛigt]
aconselhar (vt)	dot padomu	[dot padɔmu]
adivinhar (vt)	uzminēt	[uzmine:t]
advertir (vt)	brīdināt	[bri:dina:t]
ajudar (vt)	palīdzēt	[pali:dze:t]
almoçar (vi)	pusdienot	[pusdiɛnɔt]
alugar (~ um apartamento)	īrēt	[i:re:t]
amar (vt)	mīlēt	[mi:le:t]
ameaçar (vt)	draudēt	[draude:t]
anotar (escrever)	pierakstīt	[piɛraksti:t]
apanhar (vt)	ķert	[tʲert]
apressar-se (vr)	steigties	[stɛigtiɛs]
arrepender-se (vr)	nožēlot	[nɔʒe:lɔt]
assinar (vt)	parakstīt	[paraksti:t]
atirar, disparar (vi)	šaut	[ʃaut]
brincar (vi)	jokot	[jɔkɔt]
brincar, jogar (crianças)	spēlēt	[spɛ:le:t]
buscar (vt)	meklēt ...	[mekle:t ...]
caçar (vi)	medīt	[medi:t]
cair (vi)	krist	[krist]
cavar (vt)	rakt	[rakt]
cessar (vt)	pārtraukt	[pa:rtraukt]
chamar (~ por socorro)	saukt	[saukt]
chegar (vi)	atbraukt	[atbraukt]
chorar (vi)	raudāt	[rauda:t]
começar (vt)	sākt	[sa:kt]
comparar (vt)	salīdzināt	[sali:dzina:t]
compreender (vt)	saprast	[saprast]
concordar (vi)	piekrist	[piɛkrist]
confiar (vt)	uzticēt	[uztitse:t]
confundir (equivocar-se)	sajaukt	[sajaukt]
conhecer (vt)	pazīt	[pazi:t]
contar (fazer contas)	sarēķināt	[sare:tʲina:t]
contar com (esperar)	paļauties uz ...	[palʲauties uz ...]
continuar (vt)	turpināt	[turpina:t]
controlar (vt)	kontrolēt	[kɔntrɔle:t]
convidar (vt)	ielūgt	[iɛlu:gt]
correr (vi)	skriet	[skriɛt]

| criar (vt) | izveidot | [izvɛidɔt] |
| custar (vt) | maksāt | [maksa:t] |

14. Os verbos mais importantes. Parte 2

dar (vt)	dot	[dɔt]
dar uma dica	dot mājienu	[dɔt ma:jiɛnu]
decorar (enfeitar)	izrotāt	[izrɔta:t]
defender (vt)	aizstāvēt	[aizsta:ve:t]
deixar cair (vt)	nomest	[nɔmest]

descer (para baixo)	nokāpt	[nɔka:pt]
desculpar (vt)	piedot	[piedɔt]
desculpar-se (vr)	atvainoties	[atvainɔtiɛs]
dirigir (~ uma empresa)	vadīt	[vadi:t]
discutir (notícias, etc.)	apspriest	[apspriɛst]
dizer (vt)	teikt	[tɛikt]

duvidar (vt)	šaubīties	[ʃaubi:tiɛs]
encontrar (achar)	atrast	[atrast]
enganar (vt)	krāpt	[kra:pt]
entrar (na sala, etc.)	ieiet	[iɛiɛt]
enviar (uma carta)	sūtīt	[su:ti:t]
errar (equivocar-se)	kļūdīties	[klʲu:di:tiɛs]
escolher (vt)	izvēlēties	[izvɛ:le:tiɛs]
esconder (vt)	slēpt	[sle:pt]
escrever (vt)	rakstīt	[raksti:t]
esperar (o autocarro, etc.)	gaidīt	[gaidi:t]

esperar (ter esperança)	cerēt	[tsɛre:t]
esquecer (vt)	aizmirst	[aizmirst]
estudar (vt)	pētīt	[pe:ti:t]
exigir (vt)	prasīt	[prasi:t]
existir (vi)	eksistēt	[eksiste:t]

explicar (vt)	paskaidrot	[paskaidrɔt]
falar (vi)	runāt	[runa:t]
faltar (clases, etc.)	kavēt	[kave:t]
fazer (vt)	darīt	[dari:t]
ficar em silêncio	klusēt	[kluse:t]
gabar-se, jactar-se (vr)	lielīties	[liɛli:tiɛs]

gostar (apreciar)	patikt	[patikt]
gritar (vi)	kliegt	[kliɛgt]
guardar (cartas, etc.)	uzglabāt	[uzglaba:t]

| informar (vt) | informēt | [infɔrme:t] |
| insistir (vi) | uzstāt | [uzsta:t] |

insultar (vt)	aizvainot	[aizvainɔt]
interessar-se (vr)	interesēties	[intɛrɛse:tiɛs]
ir (a pé)	iet	[iɛt]
ir nadar	peldēties	[pelde:tiɛs]
jantar (vi)	vakariņot	[vakariɲɔt]

15. Os verbos mais importantes. Parte 3

ler (vt)	lasīt	[lasi:t]
libertar (cidade, etc.)	atbrīvot	[atbri:vɔt]
matar (vt)	nogalināt	[nɔgalina:t]
mencionar (vt)	pieminēt	[piɛmine:t]
mostrar (vt)	parādīt	[para:di:t]
mudar (modificar)	mainīt	[maini:t]
nadar (vi)	peldēt	[pelde:t]
negar-se a ...	atteikties	[attɛiktiɛs]
objetar (vt)	iebilst	[iɛbilst]
ordenar (mil.)	pavēlēt	[pavɛ:le:t]
ouvir (vt)	dzirdēt	[dzirde:t]
pagar (vt)	maksāt	[maksa:t]
parar (vi)	apstāties	[apsta:tiɛs]
participar (vi)	piedalīties	[piɛdali:tiɛs]
pedir (comida)	pasūtīt	[pasu:ti:t]
pedir (um favor, etc.)	lūgt	[lu:gt]
pegar (tomar)	ņemt	[ɲemt]
pensar (vt)	domāt	[dɔma:t]
perceber (ver)	pamanīt	[pamani:t]
perdoar (vt)	piedot	[piɛdɔt]
perguntar (vt)	jautāt	[jauta:t]
permitir (vt)	atļaut	[atlʲaut]
pertencer a ...	piederēt	[piɛdɛre:t]
planear (vt)	plānot	[pla:nɔt]
poder (vi)	spēt	[spe:t]
possuir (vt)	pārvaldīt	[pa:rvaldi:t]
preferir (vt)	dot priekšroku	[dɔt priɛkʃrɔku]
preparar (vt)	gatavot	[gatavɔt]
prever (vt)	paredzēt	[paredze:t]
prometer (vt)	solīt	[sɔli:t]
pronunciar (vt)	izrunāt	[izruna:t]
propor (vt)	piedāvāt	[piɛda:va:t]
punir (castigar)	sodīt	[sɔdi:t]

16. Os verbos mais importantes. Parte 4

quebrar (vt)	lauzt	[lauzt]
queixar-se (vr)	sūdzēties	[su:dze:tiɛs]
querer (desejar)	gribēt	[gribe:t]
recomendar (vt)	ieteikt	[iɛtɛikt]
repetir (dizer outra vez)	atkārtot	[atka:rtɔt]
repreender (vt)	lamāt	[lama:t]
reservar (~ um quarto)	rezervēt	[rɛzerve:t]
responder (vt)	atbildēt	[atbilde:t]

23

| rezar, orar (vi) | lūgties | [luːgtiɛs] |
| rir (vi) | smieties | [smiɛtiɛs] |

roubar (vt)	zagt	[zagt]
saber (vt)	zināt	[zinaːt]
sair (~ de casa)	iziet	[iziɛt]
salvar (vt)	glābt	[glaːbt]
seguir ...	sekot ...	[sekɔt ...]

sentar-se (vr)	sēsties	[seːstiɛs]
ser necessário	būt vajadzīgam	[buːt vajadziːgam]
ser, estar	būt	[buːt]
significar (vt)	nozīmēt	[nɔziːmeːt]

sorrir (vi)	smaidīt	[smaidiːt]
subestimar (vt)	par zemu vērtēt	[par zɛmu veːrteːt]
surpreender-se (vr)	brīnīties	[briːniːtiɛs]
tentar (vt)	mēģināt	[meːdʲinaːt]

ter (vt)	būt	[buːt]
ter fome	gribēt ēst	[gribeːt eːst]
ter medo	baidīties	[baidiːtiɛs]
ter sede	gribēt dzert	[gribeːt dzert]

tocar (com as mãos)	pieskarties	[piɛskartiɛs]
tomar o pequeno-almoço	brokastot	[brɔkastɔt]
trabalhar (vi)	strādāt	[straːdaːt]
traduzir (vt)	tulkot	[tulkɔt]
unir (vt)	apvienot	[apviɛnɔt]

vender (vt)	pārdot	[paːrdɔt]
ver (vt)	redzēt	[redzeːt]
virar (ex. ~ à direita)	pagriezties	[pagriɛztiɛs]
voar (vi)	lidot	[lidɔt]

TEMPO. CALENDÁRIO

17. Dias da semana

segunda-feira (f)	pirmdiena (s)	[pirmdiɛna]
terça-feira (f)	otrdiena (s)	[ɔtrdiɛna]
quarta-feira (f)	trešdiena (s)	[treʃdiɛna]
quinta-feira (f)	ceturtdiena (s)	[tsɛturtdiɛna]
sexta-feira (f)	piektdiena (s)	[piɛktdiɛna]
sábado (m)	sestdiena (s)	[sestdiɛna]
domingo (m)	svētdiena (s)	[sve:tdiɛna]
hoje	šodien	[ʃɔdiɛn]
amanhã	rīt	[ri:t]
depois de amanhã	parīt	[pari:t]
ontem	vakar	[vakar]
anteontem	aizvakar	[aizvakar]
dia (m)	diena (s)	[diɛna]
dia (m) de trabalho	darba diena (s)	[darba diɛna]
feriado (m)	svētku diena (s)	[sve:tku diɛna]
dia (m) de folga	brīvdiena (s)	[bri:vdiɛna]
fim (m) de semana	brīvdienas (s dsk)	[bri:vdiɛnas]
o dia todo	visa diena	[visa diɛna]
no dia seguinte	nākamajā dienā	[na:kamaja: diɛna:]
há dois dias	pirms divām dienām	[pirms diva:m diɛna:m]
na véspera	dienu iepriekš	[diɛnu iɛpriɛkʃ]
diário	ikdienas	[igdiɛnas]
todos os dias	katru dienu	[katru diɛnu]
semana (f)	nedēļa (s)	[nɛdɛ:lʲa]
na semana passada	pagājušajā nedēļā	[paga:juʃaja: nɛdɛ:lʲa:]
na próxima semana	nākamajā nedēļā	[na:kamaja: nɛdɛ:lʲa:]
semanal	iknedēļas	[iknɛdɛ:lʲas]
cada semana	katru nedēļu	[katru nɛdɛ:lʲu]
duas vezes por semana	divas reizes nedēļā	[divas rɛizes nɛdɛ:lʲa:]
cada terça-feira	katru otrdienu	[katru ɔtrdiɛnu]

18. Horas. Dia e noite

manhã (f)	rīts (v)	[ri:ts]
de manhã	no rīta	[nɔ ri:ta]
meio-dia (m)	pusdiena (s)	[pusdiɛna]
à tarde	pēcpusdienā	[pe:tspusdiɛna:]
noite (f)	vakars (v)	[vakars]
à noite (noitinha)	vakarā	[vakara:]

noite (f)	**nakts** (s)	[nakts]
à noite	**naktī**	[nakti:]
meia-noite (f)	**pusnakts** (s)	[pusnakts]

segundo (m)	**sekunde** (s)	[sɛkunde]
minuto (m)	**minūte** (s)	[minu:te]
hora (f)	**stunda** (s)	[stunda]
meia hora (f)	**pusstunda**	[pustunda]
quarto (m) de hora	**stundas ceturksnis** (v)	[stundas tsɛturksnis]
quinze minutos	**piecpadsmit minūtes**	[piɛtspadsmit minu:tes]
vinte e quatro horas	**diennakts** (s)	[diɛnnakts]

nascer (m) do sol	**saullēkts** (v)	[saulle:kts]
amanhecer (m)	**rītausma** (s)	[ri:tausma]
madrugada (f)	**agrs rīts** (v)	[agrs ri:ts]
pôr do sol (m)	**saulriets** (v)	[saulriɛts]

de madrugada	**agri no rīta**	[agri nɔ ri:ta]
hoje de manhã	**šorīt**	[ʃori:t]
amanhã de manhã	**rīt no rīta**	[ri:t nɔ ri:ta]

hoje à tarde	**šodien**	[ʃɔdiɛn]
à tarde	**pēcpusdienā**	[pe:tspusdiɛna:]
amanhã à tarde	**rīt pēcpusdienā**	[ri:t pe:tspusdiɛna:]

hoje à noite	**šovakar**	[ʃovakar]
amanhã à noite	**rītvakar**	[ri:tvakar]

às três horas em ponto	**tieši trijos**	[tiɛʃi trijɔs]
por volta das quatro	**ap četriem**	[ap tʃetriɛm]
às doze	**ap divpadsmitiem**	[ap divpadsmitiɛm]

dentro de vinte minutos	**pēc divdesmit minūtēm**	[pe:ts divdesmit minu:te:m]
dentro duma hora	**pēc stundas**	[pe:ts stundas]
a tempo	**laikā**	[laika:]

menos um quarto	**bez ceturkšņa ...**	[bez tsɛturkʃna ...]
durante uma hora	**stundas laikā**	[stundas laika:]
a cada quinze minutos	**katras piecpadsmit minūtes**	[katras piɛtspadsmit minu:tes]
as vinte e quatro horas	**caurām dienām**	[tsaura:m diɛna:m]

19. Meses. Estações

janeiro (m)	**janvāris** (v)	[janva:ris]
fevereiro (m)	**februāris** (v)	[februa:ris]
março (m)	**marts** (v)	[marts]
abril (m)	**aprīlis** (v)	[apri:lis]
maio (m)	**maijs** (v)	[maijs]
junho (m)	**jūnijs** (v)	[ju:nijs]

julho (m)	**jūlijs** (v)	[ju:lijs]
agosto (m)	**augusts** (v)	[augusts]

setembro (m)	**septembris** (v)	[septembris]
outubro (m)	**oktobris** (v)	[ɔktɔbris]
novembro (m)	**novembris** (v)	[nɔvembris]
dezembro (m)	**decembris** (v)	[detsembris]
primavera (f)	**pavasaris** (v)	[pavasaris]
na primavera	**pavasarī**	[pavasari:]
primaveril	**pavasara**	[pavasara]
verão (m)	**vasara** (s)	[vasara]
no verão	**vasarā**	[vasara:]
de verão	**vasaras**	[vasaras]
outono (m)	**rudens** (v)	[rudens]
no outono	**rudenī**	[rudeni:]
outonal	**rudens**	[rudens]
inverno (m)	**ziema** (s)	[ziɛma]
no inverno	**ziemā**	[ziɛma:]
de inverno	**ziemas**	[ziɛmas]
mês (m)	**mēnesis** (v)	[mɛ:nesis]
este mês	**šomēnes**	[ʃomɛ:nes]
no próximo mês	**nākamajā mēnesī**	[na:kamaja: mɛ:nesi:]
no mês passado	**pagājušajā mēnesī**	[paga:juʃaja: mɛ:nesi:]
há um mês	**pirms mēneša**	[pirms mɛ:neʃa]
dentro de um mês	**pēc mēneša**	[pe:ts mɛ:neʃa]
dentro de dois meses	**pēc diviem mēnešiem**	[pe:ts diviɛm mɛ:neʃiɛm]
todo o mês	**visu mēnesi**	[visu mɛ:nesi]
um mês inteiro	**veselu mēnesi**	[vesɛlu mɛ:nesi]
mensal	**ikmēneša**	[ikmɛ:neʃa]
mensalmente	**ik mēnesi**	[ik mɛ:nesi]
cada mês	**katru mēnesi**	[katru mɛ:nesi]
duas vezes por mês	**divas reizes mēnesī**	[divas rɛizes mɛ:nesi:]
ano (m)	**gads** (v)	[gads]
este ano	**šogad**	[ʃogad]
no próximo ano	**nākamajā gadā**	[na:kamaja: gada:]
no ano passado	**pagājušajā gadā**	[paga:juʃaja: gada:]
há um ano	**pirms gada**	[pirms gada]
dentro dum ano	**pēc gada**	[pe:ts gada]
dentro de 2 anos	**pēc diviem gadiem**	[pe:ts diviɛm gadiɛm]
todo o ano	**visu gadu**	[visu gadu]
um ano inteiro	**veselu gadu**	[vesɛlu gadu]
cada ano	**katru gadu**	[katru gadu]
anual	**ikgadējs**	[ikgade:js]
anualmente	**ik gadu**	[ik gadu]
quatro vezes por ano	**četras reizes gadā**	[tʃetras rɛizes gada:]
data (~ de hoje)	**datums** (v)	[datums]
data (ex. ~ de nascimento)	**datums** (v)	[datums]
calendário (m)	**kalendārs** (v)	[kalenda:rs]

meio ano	**pusgads**	[pusgads]
seis meses	**pusgads** (v)	[pusgads]
estação (f)	**gadalaiks** (v)	[gadalaiks]
século (m)	**gadsimts** (v)	[gadsimts]

VIAGENS. HOTEL

20. Viagens

turismo (m)	**tūrisms** (v)	[tu:risms]
turista (m)	**tūrists** (v)	[tu:rists]
viagem (f)	**ceļojums** (v)	[tselʲɔjums]
aventura (f)	**piedzīvojums** (v)	[piɛdziːvɔjums]
viagem (f)	**brauciens** (v)	[brautsiɛns]
férias (f pl)	**atvaļinājums** (v)	[atvalʲinaːjums]
estar de férias	**būt atvaļinājumā**	[buːt atvalʲinaːjuma:]
descanso (m)	**atpūta** (s)	[atpu:ta]
comboio (m)	**vilciens** (v)	[viltsiɛns]
de comboio (chegar ~)	**ar vilcienu**	[ar viltsiɛnu]
avião (m)	**lidmašīna** (s)	[lidmaʃi:na]
de avião	**ar lidmašīnu**	[ar lidmaʃi:nu]
de carro	**ar automobili**	[ar autɔmɔbili]
de navio	**ar kuģi**	[ar kudʲi]
bagagem (f)	**bagāža** (s)	[baga:ʒa]
mala (f)	**čemodāns** (v)	[tʃemɔda:ns]
carrinho (m)	**bagāžas ratiņi** (v dsk)	[baga:ʒas ratiɲi]
passaporte (m)	**pase** (s)	[pase]
visto (m)	**vīza** (s)	[vi:za]
bilhete (m)	**biļete** (s)	[bilʲɛte]
bilhete (m) de avião	**aviobiļete** (s)	[aviɔbilʲɛte]
guia (m) de viagem	**ceļvedis** (v)	[tselʲvedis]
mapa (m)	**karte** (s)	[karte]
local (m), area (f)	**apvidus** (v)	[apvidus]
lugar, sítio (m)	**vieta** (s)	[viɛta]
exotismo (m)	**eksotika** (s)	[eksɔtika]
exótico	**eksotisks**	[eksɔtisks]
surpreendente	**apbrīnojams**	[apbri:nɔjams]
grupo (m)	**grupa** (s)	[grupa]
excursão (f)	**ekskursija** (s)	[ekskursija]
guia (m)	**gids** (v)	[gids]

21. Hotel

hotel (m), pensão (f)	**viesnīca** (s)	[viɛsni:tsa]
motel (m)	**motelis** (v)	[mɔtelis]
três estrelas	**trīszvaigžņu**	[tri:szvaigʒɲu]

cinco estrelas	pieczvaigžņu	[piɛtszvaigʒŋu]
ficar (~ num hotel)	apmesties	[apmestiɛs]

quarto (m)	numurs (v)	[numurs]
quarto (m) individual	vienvietīgs numurs (v)	[viɛnviɛtiːgs numurs]
quarto (m) duplo	divvietīgs numurs (v)	[divviɛtiːgs numurs]
reservar um quarto	rezervēt numuru	[rɛzerveːt numuru]

meia pensão (f)	pus pansija (s)	[pus pansija]
pensão (f) completa	pilna pansija (s)	[pilna pansija]

com banheira	ar vannu	[ar vannu]
com duche	ar dušu	[ar duʃu]
televisão (m) satélite	satelīta televīzija (s)	[sateliːta tɛleviːzija]
ar (m) condicionado	kondicionētājs (v)	[kɔnditsiɔnɛːtaːjs]
toalha (f)	dvielis (v)	[dviɛlis]
chave (f)	atslēga (s)	[atslɛːga]

administrador (m)	administrators (v)	[administratɔrs]
camareira (f)	istabene (s)	[istabɛne]
bagageiro (m)	nesējs (v)	[nɛseːjs]
porteiro (m)	portjē (v)	[pɔrtjeː]

restaurante (m)	restorāns (v)	[restɔraːns]
bar (m)	bārs (v)	[baːrs]
pequeno-almoço (m)	brokastis (s dsk)	[brɔkastis]
jantar (m)	vakariņas (s dsk)	[vakariņas]
buffet (m)	zviedru galds (v)	[zviɛdru galds]

hall (m) de entrada	vestibils (v)	[vestibils]
elevador (m)	lifts (v)	[lifts]

NÃO PERTURBE	NETRAUCĒT	[netrautseːt]
PROIBIDO FUMAR!	SMĒĶĒT AIZLIEGTS!	[smɛːtⁱeːt aizliɛgts!]

22. Turismo

monumento (m)	piemineklis (v)	[piɛmineklis]
fortaleza (f)	cietoksnis (v)	[tsiɛtɔksnis]
palácio (m)	pils (s)	[pils]
castelo (m)	pils (s)	[pils]
torre (f)	tornis (v)	[tɔrnis]
mausoléu (m)	mauzolejs (v)	[mauzɔlejs]

arquitetura (f)	arhitektūra (s)	[arxitektuːra]
medieval	viduslaiku	[viduslaiku]
antigo	senlaiku	[senlaiku]
nacional	nacionāls	[natsiɔnaːls]
conhecido	slavens	[slavens]

turista (m)	tūrists (v)	[tuːrists]
guia (pessoa)	gids (v)	[gids]
excursão (f)	ekskursija (s)	[ekskursija]
mostrar (vt)	parādīt	[paraːdiːt]

contar (vt)	stāstīt	[sta:sti:t]
encontrar (vt)	atrast	[atrast]
perder-se (vr)	nomaldīties	[nɔmaldi:tiɛs]
mapa (~ do metrô)	shēma (s)	[sxɛ:ma]
mapa (~ da cidade)	plāns (v)	[pla:ns]

lembrança (f), presente (m)	suvenīrs (v)	[suveni:rs]
loja (f) de presentes	suvenīru veikals (v)	[suveni:ru vɛikals]
fotografar (vt)	fotografēt	[fotɔgrafe:t]
fotografar-se	fotografēties	[fotɔgrafe:tiɛs]

TRANSPORTES

23. Aeroporto

aeroporto (m)	lidosta (s)	[lidɔsta]
avião (m)	lidmašīna (s)	[lidmaʃi:na]
companhia (f) aérea	aviokompānija (s)	[aviɔkɔmpa:nija]
controlador (m)	dispečers (v)	[dispetʃɛrs]
de tráfego aéreo		
partida (f)	izlidojums (v)	[izlidɔjums]
chegada (f)	atlidošana (s)	[atlidɔʃana]
chegar (~ de avião)	atlidot	[atlidɔt]
hora (f) de partida	izlidojuma laiks (v)	[izlidɔjuma laiks]
hora (f) de chegada	atlidošanās laiks (v)	[atlidɔʃana:s laiks]
estar atrasado	kavēties	[kave:tiɛs]
atraso (m) de voo	izlidojuma	[izlidɔjuma
	aizkavēšanās (s dsk)	aizkave:ʃana:s]
painel (m) de informação	informācijas tablo (v)	[informa:tsijas tablɔ]
informação (f)	informācija (s)	[informa:tsija]
anunciar (vt)	paziņot	[paziɲɔt]
voo (m)	reiss (v)	[rɛis]
alfândega (f)	muita (s)	[muita]
funcionário (m) da alfândega	muitas ierēdnis (v)	[muitas iɛre:dnis]
declaração (f) alfandegária	muitas deklerācija (s)	[muitas deklɛra:tsija]
preencher (vt)	aizpildīt	[aizpildi:t]
preencher a declaração	aizpildīt deklarāciju	[aizpildi:t deklara:tsiju]
controlo (m) de passaportes	pasu kontrole (s)	[pasu kɔntrɔle]
bagagem (f)	bagāža (s)	[baga:ʒa]
bagagem (f) de mão	rokas bagāža (s)	[rɔkas baga:ʒa]
carrinho (m)	bagāžas ratiņi (v dsk)	[baga:ʒas ratiɲi]
aterragem (f)	nolaišanās (s dsk)	[nɔlaiʃana:s]
pista (f) de aterragem	nosēšanās josla (s)	[nɔse:ʃana:s jɔsla]
aterrar (vi)	nosēsties	[nɔse:stiɛs]
escada (f) de avião	traps (v)	[traps]
check-in (m)	reģistrācija (s)	[redʲistra:tsija]
balcão (m) do check-in	reģistrācijas galdiņš (v)	[redʲistra:tsijas galdiɲʃ]
fazer o check-in	piereģistrēties	[piɛredʲistre:tiɛs]
cartão (m) de embarque	iekāpšanas talons (v)	[iɛka:pʃanas talɔns]
porta (f) de embarque	izeja (s)	[izeja]
trânsito (m)	tranzīts (v)	[tranzi:ts]
esperar (vi, vt)	gaidīt	[gaidi:t]

sala (f) de espera	uzgaidāmā telpa (s)	[uzgaida:ma: telpa]
despedir-se de …	aizvadīt	[aizvadi:t]
despedir-se (vr)	atvadīties	[atvadi:tiɛs]

24. Avião

avião (m)	lidmašīna (s)	[lidmaʃi:na]
bilhete (m) de avião	aviobiļete (s)	[aviɔbilʲɛte]
companhia (f) aérea	aviokompānija (s)	[aviɔkɔmpa:nija]
aeroporto (m)	lidosta (s)	[lidɔsta]
supersónico	virsskaņas	[virskaɲas]
comandante (m) do avião	kuģa komandieris (v)	[kudʲa kɔmandiɛris]
tripulação (f)	apkalpe (s)	[apkalpe]
piloto (m)	pilots (v)	[pilɔts]
hospedeira (f) de bordo	stjuarte (s)	[stjuarte]
copiloto (m)	stūrmanis (v)	[stu:rmanis]
asas (f pl)	spārni (v dsk)	[spa:rni]
cauda (f)	aste (s)	[aste]
cabine (f) de pilotagem	kabīne (s)	[kabi:ne]
motor (m)	dzinējs (v)	[dzine:js]
trem (m) de aterragem	šasija (s)	[ʃasija]
turbina (f)	turbīna (s)	[turbi:na]
hélice (f)	propelleris (v)	[prɔpelleris]
caixa-preta (f)	melnā kaste (s)	[melna: kaste]
coluna (f) de controlo	stūres rats (v)	[stu:res rats]
combustível (m)	degviela (s)	[degviɛla]
instruções (f pl) de segurança	instrukcija (s)	[instruktsija]
máscara (f) de oxigénio	skābekļa maska (s)	[ska:beklʲa maska]
uniforme (m)	uniforma (s)	[unifɔrma]
colete (m) salva-vidas	glābšanas veste (s)	[gla:bʃanas veste]
paraquedas (m)	izpletnis (v)	[izpletnis]
descolagem (f)	pacelšanās (s dsk)	[patselʃana:s]
descolar (vi)	pacelties	[patseltiɛs]
pista (f) de descolagem	skrejceļš (v)	[skrejtselʲʃ]
visibilidade (f)	redzamība (s)	[redzami:ba]
voo (m)	lidojums (v)	[lidɔjums]
altura (f)	augstums (v)	[augstums]
poço (m) de ar	gaisa bedre (s)	[gaisa bedre]
assento (m)	sēdeklis (v)	[sɛ:deklis]
auscultadores (m pl)	austiņas (s dsk)	[austiɲas]
mesa (f) rebatível	galdiņš (v)	[galdiɲʃ]
vigia (f)	iluminators (v)	[iluminatɔrs]
passagem (f)	eja (s)	[eja]

25. Comboio

comboio (m)	vilciens (v)	[viltsiɛns]
comboio (m) suburbano	elektrovilciens (v)	[ɛlektrɔviltsiɛns]
comboio (m) rápido	ātrvilciens (v)	[aːtrviltsiɛns]
locomotiva (f) diesel	dīzeļlokomotīve (s)	[diːzelʲlɔkɔmɔtiːve]
locomotiva (f) a vapor	lokomotīve (s)	[lɔkɔmɔtiːve]
carruagem (f)	vagons (v)	[vagɔns]
carruagem restaurante (f)	restorānvagons (v)	[restɔraːnvagɔns]
carris (m pl)	sliedes (s dsk)	[sliɛdes]
caminho de ferro (m)	dzelzceļš (v)	[dzelztselʲʃ]
travessa (f)	gulsnis (v)	[gulsnis]
plataforma (f)	platforma (s)	[platfɔrma]
linha (f)	ceļš (v)	[tselʲʃ]
semáforo (m)	semafors (v)	[sɛmafɔrs]
estação (f)	stacija (s)	[statsija]
maquinista (m)	mašīnists (v)	[maʃiːnists]
bagageiro (m)	nesējs (v)	[nɛseːjs]
hospedeiro, -a (da carruagem)	pavadonis (v)	[pavadɔnis]
passageiro (m)	pasažieris (v)	[pasaʒiɛris]
revisor (m)	kontrolieris (v)	[kɔntrɔliɛris]
corredor (m)	koridors (v)	[kɔridɔrs]
freio (m) de emergência	stop-krāns (v)	[stɔp-kraːns]
compartimento (m)	kupeja (s)	[kupeja]
cama (f)	plaukts (v)	[plaukts]
cama (f) de cima	augšējais plaukts (v)	[augʃeːjais plaukts]
cama (f) de baixo	apakšējais plaukts (v)	[apakʃeːjais plaukts]
roupa (f) de cama	gultas veļa (s)	[gultas vɛlʲa]
bilhete (m)	biļete (s)	[bilʲɛte]
horário (m)	saraksts (v)	[saraksts]
painel (m) de informação	tablo (v)	[tablɔ]
partir (vt)	atiet	[atiɛt]
partida (f)	atiešana (s)	[atiɛʃana]
chegar (vi)	ierasties	[iɛrastiɛs]
chegada (f)	pienākšana (s)	[piɛnaːkʃana]
chegar de comboio	atbraukt ar vilcienu	[atbraukt ar viltsiɛnu]
apanhar o comboio	iekāpt vilcienā	[iɛkaːpt viltsiɛnaː]
sair do comboio	izkāpt no vilciena	[izkaːpt nɔ viltsiɛna]
acidente (m) ferroviário	katastrofa (s)	[katastrofa]
descarrilar (vi)	noskriet no sliedēm	[nɔskriɛt nɔ sliɛdeːm]
locomotiva (f) a vapor	lokomotīve (s)	[lɔkɔmɔtiːve]
fogueiro (m)	kurinātājs (v)	[kurinaːtaːjs]
fornalha (f)	kurtuve (s)	[kurtuve]
carvão (m)	ogles (s dsk)	[ɔgles]

26. Barco

| navio (m) | kuģis (v) | [kudⁱis] |
| embarcação (f) | kuģis (v) | [kudⁱis] |

vapor (m)	tvaikonis (v)	[tvaikɔnis]
navio (m)	motorkuģis (v)	[mɔtɔrkudⁱis]
transatlântico (m)	laineris (v)	[laineris]
cruzador (m)	kreiseris (v)	[krɛiseris]

iate (m)	jahta (s)	[jaxta]
rebocador (m)	velkonis (v)	[velkɔnis]
barcaça (f)	barža (s)	[barʒa]
ferry (m)	prāmis (v)	[pra:mis]

| veleiro (m) | burinieks (v) | [buriniɛks] |
| bergantim (m) | brigantīna (s) | [briganti:na] |

| quebra-gelo (m) | ledlauzis (v) | [ledlauzis] |
| submarino (m) | zemūdene (s) | [zɛmu:dɛne] |

bote, barco (m)	laiva (s)	[laiva]
bote, dingue (m)	laiva (s)	[laiva]
bote (m) salva-vidas	glābšanas laiva (s)	[gla:bʃanas laiva]
lancha (f)	kuteris (v)	[kuteris]

capitão (m)	kapteinis (v)	[kaptɛinis]
marinheiro (m)	matrozis (v)	[matrɔzis]
marujo (m)	jūrnieks (v)	[ju:rniɛks]
tripulação (f)	apkalpe (s)	[apkalpe]

contramestre (m)	bocmanis (v)	[bɔtsmanis]
grumete (m)	junga (v)	[juŋga]
cozinheiro (m) de bordo	kuģa pavārs (v)	[kudⁱa pava:rs]
médico (m) de bordo	kuģa ārsts (v)	[kudⁱa a:rsts]

convés (m)	klājs (v)	[kla:js]
mastro (m)	masts (v)	[masts]
vela (f)	bura (s)	[bura]

porão (m)	tilpne (s)	[tilpne]
proa (f)	priekšgals (v)	[priɛkʃgals]
popa (f)	pakaļgals (v)	[pakalⁱgals]
remo (m)	airis (v)	[airis]
hélice (f)	dzenskrūve (s)	[dzenskru:ve]

camarote (m)	kajīte (s)	[kaji:te]
sala (f) dos oficiais	kopkajīte (s)	[kɔpkaji:te]
sala (f) das máquinas	mašīnu nodaļa (s)	[maʃi:nu nɔdalⁱa]
ponte (m) de comando	komandtiltiņš (v)	[kɔmandtiltiɲʃ]
sala (f) de comunicações	radio telpa (s)	[radiɔ telpa]
onda (f) de rádio	vilnis (v)	[vilnis]
diário (m) de bordo	kuģa žurnāls (v)	[kudⁱa ʒurna:ls]
luneta (f)	tālskatis (v)	[ta:lskatis]
sino (m)	zvans (v)	[zvans]

bandeira (f)	**karogs** (v)	[karɔgs]
cabo (m)	**tauva** (s)	[tauva]
nó (m)	**mezgls** (v)	[mezgls]
corrimão (m)	**rokturis** (v)	[rɔkturis]
prancha (f) de embarque	**traps** (v)	[traps]
âncora (f)	**enkurs** (v)	[enkurs]
recolher a âncora	**pacelt enkuru**	[patselt enkuru]
lançar a âncora	**izmest enkuru**	[izmest enkuru]
amarra (f)	**enkurķēde** (s)	[enkurtʲɛ:de]
porto (m)	**osta** (s)	[ɔsta]
cais, amarradouro (m)	**piestātne** (s)	[piɛsta:tne]
atracar (vi)	**pietauvot**	[piɛtauvɔt]
desatracar (vi)	**atiet no krasta**	[atiɛt nɔ krasta]
viagem (f)	**ceļojums** (v)	[tselʲɔjums]
cruzeiro (m)	**kruĩzs** (v)	[krui:zs]
rumo (m), rota (f)	**kurss** (v)	[kurs]
itinerário (m)	**maršruts** (v)	[marʃruts]
canal (m) navegável	**kuģu ceļš** (v)	[kudʲu tselʲʃ]
banco (m) de areia	**sēklis** (v)	[se:klis]
encalhar (vt)	**uzsēsties uz sēkļa**	[uzse:sties uz se:klʲa]
tempestade (f)	**vētra** (s)	[ve:tra]
sinal (m)	**signāls** (v)	[signa:ls]
afundar-se (vr)	**grimt**	[grimt]
Homem ao mar!	**Cilvēks aiz borta!**	[tsilve:ks aiz bɔrta!]
SOS	**SOS**	[sɔs]
boia (f) salva-vidas	**glābšanas riņķis** (v)	[gla:bʃanas riɲtʲis]

CIDADE

27. Transportes urbanos

autocarro (m)	autobuss (v)	[autobus]
elétrico (m)	tramvajs (v)	[tramvajs]
troleicarro (m)	trolejbuss (v)	[trolejbus]
itinerário (m)	maršruts (v)	[marʃruts]
número (m)	numurs (v)	[numurs]
ir de ... (carro, etc.)	braukt ar ...	[braukt ar ...]
entrar (~ no autocarro)	iekāpt	[iɛka:pt]
descer de ...	izkāpt	[izka:pt]
paragem (f)	pietura (s)	[piɛtura]
próxima paragem (f)	nākamā pietura (s)	[na:kama: piɛtura]
ponto (m) final	galapunkts (v)	[galapunkts]
horário (m)	saraksts (v)	[saraksts]
esperar (vt)	gaidīt	[gaidi:t]
bilhete (m)	biļete (s)	[bilʲɛte]
custo (m) do bilhete	biļetes maksa (s)	[bilʲɛtes maksa]
bilheteiro (m)	kasieris (v)	[kasiɛris]
controlo (m) dos bilhetes	kontrole (s)	[kɔntrɔle]
revisor (m)	kontrolieris (v)	[kɔntrɔliɛris]
atrasar-se (vr)	nokavēties	[nɔkave:tiɛs]
perder (o autocarro, etc.)	nokavēt ...	[nɔkave:t ...]
estar com pressa	steigties	[stɛigtiɛs]
táxi (m)	taksometrs (v)	[taksɔmetrs]
taxista (m)	taksists (v)	[taksists]
de táxi (ir ~)	ar taksometru	[ar taksɔmetru]
praça (f) de táxis	taksometru stāvvieta (s)	[taksɔmetru sta:vviɛta]
chamar um táxi	izsaukt taksometru	[izsaukt taksɔmetru]
apanhar um táxi	nolīgt taksometru	[nɔli:gt taksɔmetru]
tráfego (m)	satiksme (s)	[satiksme]
engarrafamento (m)	sastrēgums (v)	[sastrɛ:gums]
horas (f pl) de ponta	maksimālās slodzes laiks (v)	[maksima:la:s slɔdzes laiks]
estacionar (vi)	novietot auto	[nɔviɛtɔt autɔ]
estacionar (vt)	novietot auto	[nɔviɛtɔt autɔ]
parque (m) de estacionamento	autostāvvieta (s)	[autɔsta:vviɛta]
metro (m)	metro (v)	[metrɔ]
estação (f)	stacija (s)	[statsija]
ir de metro	braukt ar metro	[braukt ar metrɔ]
comboio (m)	vilciens (v)	[viltsiɛns]
estação (f)	dzelzceļa stacija (s)	[dzelztsɛlʲa statsija]

28. Cidade. Vida na cidade

cidade (f)	pilsēta (s)	[pilsɛ:ta]
capital (f)	galvaspilsēta (s)	[galvaspilsɛ:ta]
aldeia (f)	ciems (v)	[tsiɛms]
mapa (m) da cidade	pilsētas plāns (v)	[pilsɛ:tas pla:ns]
centro (m) da cidade	pilsētas centrs (v)	[pilsɛ:tas tsentrs]
subúrbio (m)	piepilsēta (s)	[piɛpilsɛ:ta]
suburbano	piepilsētas	[piɛpilsɛ:tas]
periferia (f)	nomale (s)	[nɔmale]
arredores (m pl)	apkārtnes (s dsk)	[apka:rtnes]
quarteirão (m)	kvartāls (v)	[kvarta:ls]
quarteirão (m) residencial	dzīvojamais kvartāls (v)	[dzi:vɔjamais kvarta:ls]
tráfego (m)	satiksme (s)	[satiksme]
semáforo (m)	luksofors (v)	[luksɔfɔrs]
transporte (m) público	sabiedriskais transports (v)	[sabiɛdriskais transpɔrts]
cruzamento (m)	krustojums (v)	[krustɔjums]
passadeira (f)	gājēju pāreja (s)	[ga:je:ju pa:reja]
passagem (f) subterrânea	pazemes pāreja (s)	[pazɛmes pa:reja]
cruzar, atravessar (vt)	pāriet	[pa:riɛt]
peão (m)	kājāmgājējs (v)	[ka:ja:mga:je:js]
passeio (m)	trotuārs (v)	[trɔtua:rs]
ponte (f)	tilts (v)	[tilts]
margem (f) do rio	krastmala (s)	[krastmala]
fonte (f)	strūklaka (s)	[stru:klaka]
alameda (f)	gatve (s)	[gatve]
parque (m)	parks (v)	[parks]
bulevar (m)	bulvāris (v)	[bulva:ris]
praça (f)	laukums (v)	[laukums]
avenida (f)	prospekts (v)	[prɔspekts]
rua (f)	iela (s)	[iɛla]
travessa (f)	šķērsiela (s)	[ʃtʲɛ:rsiɛla]
beco (m) sem saída	strupceļš (v)	[struptselʲʃ]
casa (f)	māja (s)	[ma:ja]
edifício, prédio (m)	ēka (s)	[ɛ:ka]
arranha-céus (m)	augstceltne (s)	[augsttseltne]
fachada (f)	fasāde (s)	[fasa:de]
telhado (m)	jumts (v)	[jumts]
janela (f)	logs (v)	[lɔgs]
arco (m)	loks (v)	[lɔks]
coluna (f)	kolona (s)	[kɔlɔna]
esquina (f)	stūris (v)	[stu:ris]
montra (f)	skatlogs (v)	[skatlɔgs]
letreiro (m)	izkārtne (s)	[izka:rtne]
cartaz (m)	afiša (s)	[afiʃa]
cartaz (m) publicitário	reklāmu plakāts (v)	[rekla:mu plaka:ts]

painel (m) publicitário	reklāmu dēlis (v)	[rekla:mu de:lis]
lixo (m)	atkritumi (v dsk)	[atkritumi]
cesta (f) do lixo	atkritumu tvertne (s)	[atkritumu tvertne]
jogar lixo na rua	piegružot	[piɛgruʒɔt]
aterro (m) sanitário	izgāztuve (s)	[izga:ztuve]

cabine (f) telefónica	telefona būda (s)	[tɛlefɔna bu:da]
candeeiro (m) de rua	laterna (s)	[laterna]
banco (m)	sols (v)	[sɔls]

polícia (m)	policists (v)	[pɔlitsists]
polícia (instituição)	policija (s)	[pɔlitsija]
mendigo (m)	nabags (v)	[nabags]
sem-abrigo (m)	bezpajumtnieks (v)	[bezpajumtniɛks]

29. Instituições urbanas

loja (f)	veikals (v)	[vɛikals]
farmácia (f)	aptieka (s)	[aptiɛka]
ótica (f)	optika (s)	[ɔptika]
centro (m) comercial	tirdzniecības centrs (v)	[tirdzniɛtsi:bas tsentrs]
supermercado (m)	lielveikals (v)	[liɛlvɛikals]

padaria (f)	maiznīca (s)	[maizni:tsa]
padeiro (m)	maiznieks (v)	[maizniɛks]
pastelaria (f)	konditoreja (s)	[kɔnditɔreja]
mercearia (f)	pārtikas preču veikals (v)	[pa:rtikas pretʃu vɛikals]
talho (m)	gaļas veikals (v)	[gaļas vɛikals]

| loja (f) de legumes | sakņu veikals (v) | [sakņu vɛikals] |
| mercado (m) | tirgus (v) | [tirgus] |

café (m)	kafejnīca (s)	[kafejni:tsa]
restaurante (m)	restorāns (v)	[restɔra:ns]
bar (m), cervejaria (f)	alus krogs (v)	[alus krɔgs]
pizzaria (f)	picērija (s)	[pitse:rija]

salão (m) de cabeleireiro	frizētava (s)	[frizɛ:tava]
correios (m pl)	pasts (v)	[pasts]
lavandaria (f)	ķīmiskā tīrītava (s)	[tʲi:miska ti:ri:tava]
estúdio (m) fotográfico	fotostudija (s)	[fɔtɔstudija]

sapataria (f)	apavu veikals (v)	[apavu vɛikals]
livraria (f)	grāmatnīca (s)	[gra:matni:tsa]
loja (f) de artigos de desporto	sporta preču veikals (v)	[spɔrta pretʃu vɛikals]

reparação (f) de roupa	apģērbu labošana (s)	[apdʲe:rbu labɔʃana]
aluguer (m) de roupa	apģērbu noma (s)	[apdʲe:rbu nɔma]
aluguer (m) de filmes	filmu noma (s)	[filmu nɔma]

circo (m)	cirks (v)	[tsirks]
jardim (m) zoológico	zoodārzs (v)	[zɔɔda:rzs]
cinema (m)	kinoteātris (v)	[kinɔtea:tris]
museu (m)	muzejs (v)	[muzejs]

biblioteca (f)	bibliotēka (s)	[bibliɔtɛ:ka]
teatro (m)	teãtris (v)	[tea:tris]
ópera (f)	opera (s)	[ɔpɛra]
clube (m) noturno	naktsklubs (v)	[naktsklubs]
casino (m)	kazino (v)	[kazinɔ]
mesquita (f)	mošeja (s)	[mɔʃeja]
sinagoga (f)	sinagoga (s)	[sinagɔga]
catedral (f)	katedrāle (s)	[katedra:le]
templo (m)	dievnams (v)	[diɛvnams]
igreja (f)	baznīca (s)	[bazni:tsa]
instituto (m)	institūts (v)	[institu:ts]
universidade (f)	universitāte (s)	[univɛrsita:te]
escola (f)	skola (s)	[skɔla]
prefeitura (f)	prefektūra (s)	[prefektu:ra]
câmara (f) municipal	mērija (s)	[me:rija]
hotel (m)	viesnīca (s)	[viɛsni:tsa]
banco (m)	banka (s)	[banka]
embaixada (f)	vēstniecība (s)	[ve:stniɛtsi:ba]
agência (f) de viagens	tūrisma aģentūra (s)	[tu:risma adʲentu:ra]
agência (f) de informações	izziņu birojs (v)	[izziɲu birɔjs]
casa (f) de câmbio	apmaiņas punkts (v)	[apmaiɲas punkts]
metro (m)	metro (v)	[metrɔ]
hospital (m)	slimnīca (s)	[slimni:tsa]
posto (m) de gasolina	degvielas uzpildes stacija (s)	[degviɛlas uzpildes statsija]
parque (m) de estacionamento	autostāvvieta (s)	[autɔsta:vviɛta]

30. Sinais

letreiro (m)	izkārtne (s)	[izka:rtne]
inscrição (f)	uzraksts (v)	[uzraksts]
cartaz, póster (m)	plakāts (v)	[plaka:ts]
sinal (m) informativo	ceļrādis (v)	[tselʲra:dis]
seta (f)	bultiņa (s)	[bultiɲa]
aviso (advertência)	brīdinājums (v)	[bri:dina:jums]
sinal (m) de aviso	brīdinājums (v)	[bri:dina:jums]
avisar, advertir (vt)	brīdināt	[bri:dina:t]
dia (m) de folga	brīvdiena (s)	[bri:vdiɛna]
horário (m)	saraksts (v)	[saraksts]
horário (m) de funcionamento	darba laiks (v)	[darba laiks]
BEM-VINDOS!	LAIPNI LŪDZAM!	[laipni lu:dzam!]
ENTRADA	IEEJA	[iɛeja]
SAÍDA	IZEJA	[izeja]
EMPURRE	GRŪST	[gru:st]
PUXE	VILKT	[vilkt]

| ABERTO | **ATVĒRTS** | [atve:rts] |
| FECHADO | **SLĒGTS** | [sle:gts] |

| MULHER | **SIEVIEŠU** | [siɛviɛʃu] |
| HOMEM | **VĪRIEŠU** | [vi:riɛʃu] |

DESCONTOS	**ATLAIDES**	[atlaides]
SALDOS	**IZPĀRDOŠANA**	[izpa:rdɔʃana]
NOVIDADE!	**JAUNUMS!**	[jaunums!]
GRÁTIS	**BEZMAKSAS**	[bezmaksas]

ATENÇÃO!	**UZMANĪBU!**	[uzmani:bu!]
NÃO HÁ VAGAS	**BRĪVU VIETU NAV**	[bri:vu viɛtu nav]
RESERVADO	**REZERVĒTS**	[rɛzerve:ts]

ADMINISTRAÇÃO	**ADMINISTRĀCIJA**	[administra:tsija]
SOMENTE PESSOAL	**TIKAI PERSONĀLAM**	[tikai pɛrsɔna:lam]
AUTORIZADO		

CUIDADO CÃO FEROZ	**NIKNS SUNS**	[nikns suns]
PROIBIDO FUMAR!	**SMĒĶĒT AIZLIEGTS!**	[smɛ:tʲe:t aizliɛgts!]
NÃO TOCAR	**AR ROKĀM NEAIZTIKT**	[ar rɔka:m neaiztikt]

PERIGOSO	**BĪSTAMI**	[bi:stami]
PERIGO	**BĪSTAMS**	[bi:stams]
ALTA TENSÃO	**AUGSTSPRIEGUMS**	[augstspriɛgums]
PROIBIDO NADAR	**PELDĒT AIZLIEGTS!**	[pelde:t aizliɛgts!]
AVARIADO	**NESTRĀDĀ**	[nestra:da:]

INFLAMÁVEL	**UGUNSNEDROŠS**	[ugunsnedrɔʃs]
PROIBIDO	**AIZLIEGTS**	[aizliɛgts]
ENTRADA PROIBIDA	**IEIEJA AIZLIEGTA**	[iɛiɛja aizliɛgta]
CUIDADO TINTA FRESCA	**SVAIGI KRĀSOTS**	[svaigi kra:sɔts]

31. Compras

comprar (vt)	**pirkt**	[pirkt]
compra (f)	**pirkums** (v)	[pirkums]
fazer compras	**iepirkties**	[iɛpirktiɛs]
compras (f pl)	**iepirkšanās** (s)	[iɛpirkʃana:s]

| estar aberta (loja, etc.) | **strādāt** | [stra:da:t] |
| estar fechada | **slēgties** | [sle:gtiɛs] |

calçado (m)	**apavi** (v dsk)	[apavi]
roupa (f)	**apģērbs** (v)	[apdʲe:rbs]
cosméticos (m pl)	**kosmētika** (s)	[kɔsme:tika]
alimentos (m pl)	**pārtikas produkti** (v dsk)	[pa:rtikas prɔdukti]
presente (m)	**dāvana** (s)	[da:vana]

vendedor (m)	**pārdevējs** (v)	[pa:rdɛve:js]
vendedora (f)	**pārdevēja** (s)	[pa:rdɛve:ja]
caixa (f)	**kase** (s)	[kase]
espelho (m)	**spogulis** (v)	[spɔgulis]

balcão (m)	**lete** (s)	[lɛte]
cabine (f) de provas	**pielaikošanas kabīne** (s)	[piɛlaikɔʃanas kabi:ne]
provar (vt)	**pielaikot**	[piɛlaikɔt]
servir (vi)	**derēt**	[dɛre:t]
gostar (apreciar)	**patikt**	[patikt]
preço (m)	**cena** (s)	[tsɛna]
etiqueta (f) de preço	**cenas zīme** (s)	[tsɛnas zi:me]
custar (vt)	**maksāt**	[maksa:t]
Quanto?	**Cik?**	[tsik?]
desconto (m)	**atlaide** (s)	[atlaide]
não caro	**ne visai dārgs**	[ne visai da:rgs]
barato	**lēts**	[le:ts]
caro	**dārgs**	[da:rgs]
É caro	**Tas ir dārgi**	[tas ir da:rgi]
aluguer (m)	**noma** (s)	[nɔma]
alugar (vestidos, etc.)	**paņemt nomā**	[paɲemt nɔma:]
crédito (m)	**kredīts** (v)	[kredi:ts]
a crédito	**uz kredīta**	[uz kredi:ta]

VESTUÁRIO & ACESSÓRIOS

32. Roupa exterior. Casacos

roupa (f)	apģērbs (v)	[apdʲeːrbs]
roupa (f) exterior	virsdrēbes (s dsk)	[virsdrɛːbes]
roupa (f) de inverno	ziemas drēbes (s dsk)	[ziɛmas drɛːbes]
sobretudo (m)	mētelis (v)	[mɛːtelis]
casaco (m) de peles	kažoks (v)	[kaʒɔks]
casaco curto (m) de peles	puskažoks (v)	[puskaʒɔks]
casaco (m) acolchoado	dūnu mētelis (v)	[duːnu mɛːtelis]
casaco, blusão (m)	jaka (s)	[jaka]
impermeável (m)	apmetnis (v)	[apmetnis]
impermeável	ūdensnecaurlaidīgs	[uːdensnetsaurlaidiːgs]

33. Vestuário de homem & mulher

camisa (f)	krekls (v)	[krekls]
calças (f pl)	bikses (s dsk)	[bikses]
calças (f pl) de ganga	džinsi (v dsk)	[dʒinsi]
casaco (m) de fato	žakete (s)	[ʒakɛte]
fato (m)	uzvalks (v)	[uzvalks]
vestido (ex. ~ vermelho)	kleita (s)	[klɛita]
saia (f)	svārki (v dsk)	[svaːrki]
blusa (f)	blūze (s)	[bluːze]
casaco (m) de malha	vilnaina jaka (s)	[vilnaina jaka]
casaco, blazer (m)	žakete (s)	[ʒakɛte]
T-shirt, camiseta (f)	sporta krekls (v)	[sporta krekls]
calções (Bermudas, etc.)	šorti (v dsk)	[ʃorti]
fato (m) de treino	sporta tērps (v)	[sporta teːrps]
roupão (m) de banho	halāts (v)	[xalaːts]
pijama (m)	pidžama (s)	[pidʒama]
suéter (m)	svīteris (v)	[sviːteris]
pulôver (m)	pulovers (v)	[pulɔvɛrs]
colete (m)	veste (s)	[veste]
fraque (m)	fraka (s)	[fraka]
smoking (m)	smokings (v)	[smɔkiŋs]
uniforme (m)	uniforma (s)	[uniforma]
roupa (f) de trabalho	darba apģērbs (v)	[darba apdʲeːrbs]
fato-macaco (m)	kombinezons (v)	[kombinezɔns]
bata (~ branca, etc.)	halāts (v)	[xalaːts]

34. Vestuário. Roupa interior

roupa (f) interior	veļa (s)	[vɛlʲa]
cuecas boxer (f pl)	bokseršorti (v dsk)	[bɔkserʃɔrti]
cuecas (f pl)	biksītes (s dsk)	[biksi:tes]
camisola (f) interior	apakškrekls (v)	[apakʃkrekls]
peúgas (f pl)	zeķes (s dsk)	[zɛtʲes]
camisa (f) de noite	naktskrekls (v)	[naktskrekls]
sutiã (m)	krūšturis (v)	[kru:ʃturis]
meias longas (f pl)	pusgarās zeķes (s dsk)	[pusgara:s zɛtʲes]
meia-calça (f)	zeķubikses (s dsk)	[zɛtʲubikses]
meias (f pl)	sieviešu zeķes (s dsk)	[sievieʃu zɛtʲes]
fato (m) de banho	peldkostīms (v)	[peldkɔsti:ms]

35. Adereços de cabeça

chapéu (m)	cepure (s)	[tsɛpure]
chapéu (m) de feitro	platmale (s)	[platmale]
boné (m) de beisebol	beisbola cepure (s)	[bɛisbola tsɛpure]
boné (m)	žokejcepure (s)	[ʒɔkejtsɛpure]
boina (f)	berete (s)	[bɛrɛte]
capuz (m)	kapuce (s)	[kaputse]
panamá (m)	panama (s)	[panama]
gorro (m) de malha	adīta cepurīte (s)	[adi:ta tsɛpuri:te]
lenço (m)	lakats (v)	[lakats]
chapéu (m) de mulher	cepurīte (s)	[tsɛpuri:te]
capacete (m) de proteção	ķivere (s)	[tʲivɛre]
bibico (m)	laiviņa (s)	[laiviɲa]
capacete (m)	bruņu cepure (s)	[bruɲu tsɛpure]
chapéu-coco (m)	katliņš (v)	[katliɲʃ]
chapéu (m) alto	cilindrs (v)	[tsilindrs]

36. Calçado

calçado (m)	apavi (v dsk)	[apavi]
botinas (f pl)	puszābaki (v dsk)	[pusza:baki]
sapatos (de salto alto, etc.)	kurpes (s dsk)	[kurpes]
botas (f pl)	zābaki (v dsk)	[za:baki]
pantufas (f pl)	čības (s dsk)	[tʃi:bas]
ténis (m pl)	sporta kurpes (s dsk)	[spɔrta kurpes]
sapatilhas (f pl)	kedas (s dsk)	[kɛdas]
sandálias (f pl)	sandales (s dsk)	[sandales]
sapateiro (m)	kurpnieks (v)	[kurpniɛks]
salto (m)	papēdis (v)	[pape:dis]

par (m)	pãris (v)	[pa:ris]
atacador (m)	aukla (s)	[aukla]
apertar os atacadores	saitēt	[saite:t]
calçadeira (f)	kurpju velkamais (v)	[kurpju velkamais]
graxa (f) para calçado	apavu krēms (v)	[apavu kre:ms]

37. Acessórios pessoais

luvas (f pl)	cimdi (v dsk)	[tsimdi]
mitenes (f pl)	dūraiņi (v dsk)	[du:raiɲi]
cachecol (m)	šalle (s)	[ʃalle]

óculos (m pl)	brilles (s dsk)	[brilles]
armação (f) de óculos	ietvars (v)	[iɛtvars]
guarda-chuva (m)	lietussargs (v)	[liɛtusargs]
bengala (f)	spieķis (v)	[spiɛtʲis]
escova (f) para o cabelo	matu suka (s)	[matu suka]
leque (m)	vēdeklis (v)	[vɛ:deklis]

gravata (f)	kaklasaite (s)	[kaklasaite]
gravata-borboleta (f)	tauriņš (v)	[tauriɲʃ]
suspensórios (m pl)	bikšturi (v dsk)	[bikʃturi]
lenço (m)	kabatlakatiņš (v)	[kabatlakatiɲʃ]

pente (m)	ķemme (s)	[tʲemme]
travessão (m)	matu sprādze (s)	[matu spra:dze]
gancho (m) de cabelo	matadata (s)	[matadata]
fivela (f)	sprādze (s)	[spra:dze]

cinto (m)	josta (s)	[jɔsta]
correia (f)	siksna (s)	[siksna]

mala (f)	soma (s)	[sɔma]
mala (f) de senhora	somiņa (s)	[sɔmiɲa]
mochila (f)	mugursoma (s)	[mugursɔma]

38. Vestuário. Diversos

moda (f)	mode (s)	[mɔde]
na moda	moderns	[mɔderns]
estilista (m)	modelētājs (v)	[mɔdɛlɛ:ta:js]

colarinho (m), gola (f)	apkakle (s)	[apkakle]
bolso (m)	kabata (s)	[kabata]
de bolso	kabatas	[kabatas]
manga (f)	piedurkne (s)	[piɛdurkne]
alcinha (f)	pakaramais (v)	[pakaramais]
braguilha (f)	bikšu priekša	[bikʃu priɛkʃa]

fecho (m) de correr	rāvējslēdzējs (v)	[ra:ve:jsle:dze:js]
fecho (m), colchete (m)	aizdare (s)	[aizdare]
botão (m)	poga (s)	[pɔga]

casa (f) de botão	pogcaurums (v)	[pɔgtsaurums]
soltar-se (vr)	atrauties	[atrautiɛs]

coser, costurar (vi)	šūt	[ʃuːt]
bordar (vt)	izšūt	[izʃuːt]
bordado (m)	izšūšana (s)	[izʃuːʃana]
agulha (f)	adata (s)	[adata]
fio (m)	diegs (v)	[diɛgs]
costura (f)	šuve (s)	[ʃuve]

sujar-se (vr)	notraipīties	[nɔtraipiːtiɛs]
mancha (f)	traips (v)	[traips]
engelhar-se (vr)	saburzīties	[saburziːtiɛs]
rasgar (vt)	saplēst	[sapleːst]
traça (f)	kode (s)	[kɔde]

39. Cuidados pessoais. Cosméticos

pasta (f) de dentes	zobu pasta (s)	[zɔbu pasta]
escova (f) de dentes	zobu suka (s)	[zɔbu suka]
escovar os dentes	tīrīt zobus	[tiːriːt zɔbus]

máquina (f) de barbear	skuveklis (v)	[skuveklis]
creme (m) de barbear	skūšanas krēms (v)	[sku:ʃanas kre:ms]
barbear-se (vr)	skūties	[sku:tiɛs]

sabonete (m)	ziepes (s dsk)	[ziɛpes]
champô (m)	šampūns (v)	[ʃampu:ns]

tesoura (f)	šķēres (s dsk)	[ʃḱɛːres]
lima (f) de unhas	nagu vīlīte (s)	[nagu vi:li:te]
corta-unhas (m)	knaiblītes (s dsk)	[knaibli:tes]
pinça (f)	pincete (s)	[pintsɛte]

cosméticos (m pl)	kosmētika (s)	[kɔsmeːtika]
máscara (f) facial	maska (s)	[maska]
manicura (f)	manikīrs (v)	[maniki:rs]
fazer a manicura	taisīt manikīru	[taisi:t maniki:ru]
pedicure (f)	pedikīrs (v)	[pediki:rs]

mala (f) de maquilhagem	kosmētikas somiņa (s)	[kɔsme:tikas sɔmiɳa]
pó (m)	pūderis (v)	[pu:deris]
caixa (f) de pó	pūdernīca (s)	[pu:derni:tsa]
blush (m)	vaigu sārtums (v)	[vaigu sa:rtums]

perfume (m)	smaržas (s dsk)	[smarʒas]
água (f) de toilette	tualetes ūdens (v)	[tualɛtes u:dens]
loção (f)	losjons (v)	[lɔsjɔns]
água-de-colónia (f)	odekolons (v)	[ɔdekɔlɔns]

sombra (f) de olhos	acu ēnas (s dsk)	[atsu ɛ:nas]
lápis (m) delineador	acu zīmulis (v)	[atsu zi:mulis]
máscara (f), rímel (m)	skropstu tuša (s)	[skrɔpstu tuʃa]
batom (m)	lūpu krāsa (s)	[lu:pu kra:sa]

verniz (m) de unhas	**nagu laka** (s)	[nagu laka]
laca (f) para cabelos	**matu laka** (s)	[matu laka]
desodorizante (m)	**dezodorants** (v)	[dezodorants]
creme (m)	**krēms** (v)	[kre:ms]
creme (m) de rosto	**sejas krēms** (v)	[sejas kre:ms]
creme (m) de mãos	**rokas krēms** (v)	[rokas kre:ms]
creme (m) antirrugas	**pretgrumbu krēms** (v)	[pretgrumbu kre:ms]
creme (m) de dia	**dienas krēms** (v)	[diɛnas kre:ms]
creme (m) de noite	**nakts krēms** (v)	[nakts kre:ms]
de dia	**dienas**	[diɛnas]
da noite	**nakts**	[nakts]
tampão (m)	**tampons** (v)	[tampons]
papel (m) higiénico	**tualetes papīrs** (v)	[tualɛtes papi:rs]
secador (m) elétrico	**fēns** (v)	[fe:ns]

40. Relógios de pulso. Relógios

relógio (m) de pulso	**rokas pulkstenis** (v)	[rokas pulkstenis]
mostrador (m)	**ciparnīca** (s)	[tsiparni:tsa]
ponteiro (m)	**bultiņa** (s)	[bultiŋa]
bracelete (f) em aço	**metāla siksniņa** (s)	[mɛta:la siksniŋa]
bracelete (f) em couro	**siksniņa** (s)	[siksniŋa]
pilha (f)	**baterija** (s)	[baterija]
descarregar-se	**izlādēties**	[izla:de:tiɛs]
trocar a pilha	**nomainīt bateriju**	[nomaini:t bateriju]
estar adiantado	**steigties**	[stɛigtiɛs]
estar atrasado	**atpalikt**	[atpalikt]
relógio (m) de parede	**sienas pulkstenis** (v)	[siɛnas pulkstenis]
ampulheta (f)	**smilšu pulkstenis** (v)	[smilʃu pulkstenis]
relógio (m) de sol	**saules pulkstenis** (v)	[saules pulkstenis]
despertador (m)	**modinātājs** (v)	[modina:ta:js]
relojoeiro (m)	**pulksteņmeistars** (v)	[pulksteŋmɛistars]
reparar (vt)	**remontēt**	[remonte:t]

EXPERIÊNCIA DO QUOTIDIANO

41. Dinheiro

dinheiro (m)	nauda (s)	[nauda]
câmbio (m)	maiņa (s)	[maiɲa]
taxa (f) de câmbio	kurss (v)	[kurs]
Caixa Multibanco (m)	bankomāts (v)	[bankɔma:ts]
moeda (f)	monēta (s)	[mɔnɛ:ta]
dólar (m)	dolārs (v)	[dɔla:rs]
euro (m)	eiro (v)	[ɛirɔ]
lira (f)	lira (s)	[lira]
marco (m)	marka (s)	[marka]
franco (m)	franks (v)	[franks]
libra (f) esterlina	sterliņu mārciņa (s)	[sterliɲu ma:rtsiɲa]
iene (m)	jena (s)	[jena]
dívida (f)	parāds (v)	[para:ds]
devedor (m)	parādnieks (v)	[para:dniɛks]
emprestar (vt)	aizdot	[aizdɔt]
pedir emprestado	aizņemties	[aizɲemtiɛs]
banco (m)	banka (s)	[banka]
conta (f)	konts (v)	[kɔnts]
depositar (vt)	noguldīt	[nɔguldi:t]
depositar na conta	noguldīt kontā	[nɔguldi:t kɔnta:]
levantar (vt)	izņemt no konta	[izɲemt nɔ kɔnta]
cartão (m) de crédito	kredītkarte (s)	[kredi:tkarte]
dinheiro (m) vivo	skaidra nauda (v)	[skaidra nauda]
cheque (v)	čeks (v)	[tʃeks]
passar um cheque	izrakstīt čeku	[izraksti:t tʃɛku]
livro (m) de cheques	čeku grāmatiņa (s)	[tʃɛku gra:matiɲa]
carteira (f)	maks (v)	[maks]
porta-moedas (m)	maks (v)	[maks]
cofre (m)	seifs (v)	[sɛifs]
herdeiro (m)	mantinieks (v)	[mantiniɛks]
herança (f)	mantojums (v)	[mantɔjums]
fortuna (riqueza)	mantība (s)	[manti:ba]
arrendamento (m)	rentēšana (s)	[rente:ʃana]
renda (f) de casa	īres maksa (s)	[i:res maksa]
alugar (vt)	īrēt	[i:re:t]
preço (m)	cena (s)	[tsɛna]
custo (m)	vērtība (s)	[ve:rti:ba]

soma (f)	summa (s)	[summa]
gastar (vt)	tērēt	[tɛ:re:t]
gastos (m pl)	izdevumi (v dsk)	[izdɛvumi]
economizar (vi)	taupīt	[taupi:t]
económico	taupīgs	[taupi:gs]

pagar (vt)	maksāt	[maksa:t]
pagamento (m)	samaksa (s)	[samaksa]
troco (m)	atlikums (v)	[atlikums]

imposto (m)	nodoklis (v)	[nɔdɔklis]
multa (f)	sods (v)	[sɔds]
multar (vt)	uzlikt naudas sodu	[uzlikt naudas sɔdu]

42. Correios. Serviço postal

correios (m pl)	pasts (v)	[pasts]
correio (m)	pasts (v)	[pasts]
carteiro (m)	pastnieks (v)	[pastnieks]
horário (m)	darba laiks (v)	[darba laiks]

carta (f)	vēstule (s)	[ve:stule]
carta (f) registada	ierakstīta vēstule (s)	[iɛraksti:ta ve:stule]
postal (m)	pastkarte (s)	[pastkarte]
telegrama (m)	telegramma (s)	[tɛlegramma]
encomenda (f) postal	sūtījums (v)	[su:ti:jums]
remessa (f) de dinheiro	naudas pārvedums (v)	[naudas pa:rvɛdums]

receber (vt)	saņemt	[saɲemt]
enviar (vt)	nosūtīt	[nɔsu:ti:t]
envio (m)	aizsūtīšana (s)	[aizsu:ti:ʃana]
endereço (m)	adrese (s)	[adrɛse]
código (m) postal	indekss (v)	[indeks]
remetente (m)	sūtītājs (v)	[su:ti:ta:js]
destinatário (m)	saņēmējs (v)	[saɲɛ:me:js]

nome (m)	vārds (v)	[va:rds]
apelido (m)	uzvārds (v)	[uzva:rds]
tarifa (f)	tarifs (v)	[tarifs]
ordinário	parasts	[parasts]
económico	ekonomisks	[ekɔnɔmisks]

peso (m)	svars (v)	[svars]
pesar (estabelecer o peso)	svērt	[sve:rt]
envelope (m)	aploksne (s)	[aplɔksne]
selo (m)	marka (s)	[marka]
colar o selo	uzlīmēt marku	[uzli:me:t marku]

43. Banca

banco (m)	banka (s)	[banka]
sucursal, balcão (f)	nodaļa (s)	[nɔdalʲa]

consultor (m)	konsultants (v)	[konsultants]
gerente (m)	pārvaldnieks (v)	[pa:rvaldniɛks]
conta (f)	konts (v)	[konts]
número (m) da conta	konta numurs (v)	[konta numurs]
conta (f) corrente	tekošais konts (v)	[tekoʃais konts]
conta (f) poupança	iekrājumu konts (v)	[iɛkra:jumu konts]
abrir uma conta	atvērt kontu	[atve:rt kontu]
fechar uma conta	aizvērt kontu	[aizve:rt kontu]
depositar na conta	nolikt kontā	[nolikt konta:]
levantar (vt)	izņemt no konta	[izɲemt no konta]
depósito (m)	ieguldījums (v)	[iɛguldi:jums]
fazer um depósito	veikt ieguldījumu	[vɛikt iɛguldi:jumu]
transferência (f) bancária	pārskaitījums (v)	[pa:rskaiti:jums]
transferir (vt)	pārskaitīt	[pa:rskaiti:t]
soma (f)	summa (s)	[summa]
Quanto?	Cik?	[tsik?]
assinatura (f)	paraksts (v)	[paraksts]
assinar (vt)	parakstīt	[paraksti:t]
cartão (m) de crédito	kredītkarte (s)	[kredi:tkarte]
código (m)	kods (v)	[kods]
número (m) do cartão de crédito	kredītkartes numurs (v)	[kredi:tkartes numurs]
Caixa Multibanco (m)	bankomāts (v)	[bankoma:ts]
cheque (m)	čeks (v)	[tʃeks]
passar um cheque	izrakstīt čeku	[izraksti:t tʃeku]
livro (m) de cheques	čeku grāmatiņa (s)	[tʃɛku gra:matiɲa]
empréstimo (m)	kredīts (v)	[kredi:ts]
pedir um empréstimo	griezties pēc kredīta	[griɛzties pe:ts kredi:ta]
obter um empréstimo	ņemt kredītu	[ɲemt kredi:tu]
conceder um empréstimo	dot kredītu	[dot kredi:tu]
garantia (f)	garantija (s)	[garantija]

44. Telefone. Conversação telefónica

telefone (m)	tālrunis (v)	[ta:lrunis]
telemóvel (m)	mobilais tālrunis (v)	[mobilais ta:lrunis]
secretária (f) electrónica	autoatbildētājs (v)	[autoatbildɛ:ta:js]
fazer uma chamada	zvanīt	[zvani:t]
chamada (f)	zvans (v)	[zvans]
marcar um número	uzgriezt telefona numuru	[uzgriɛzt tɛlefona numuru]
Alô!	Hallo!	[xallo!]
perguntar (vt)	pajautāt	[pajauta:t]
responder (vt)	atbildēt	[atbilde:t]
ouvir (vt)	dzirdēt	[dzirde:t]

bem	**labi**	[labi]
mal	**slikti**	[slikti]
ruído (m)	**traucējumi** (v dsk)	[trautse:jumi]
auscultador (m)	**klausule** (s)	[klausule]
pegar o telefone	**noņemt klausuli**	[noņemt klausuli]
desligar (vi)	**nolikt klausuli**	[nɔlikt klausuli]
ocupado	**aizņemts**	[aizņemts]
tocar (vi)	**zvanīt**	[zvani:t]
lista (f) telefónica	**telefona grāmata** (s)	[tɛlefɔna gra:mata]
local	**vietējais**	[viɛte:jais]
chamada (f) local	**vietējais zvans** (v)	[viɛte:jais zvans]
de longa distância	**starppilsētu**	[starppilsɛ:tu]
chamada (f) de longa distância	**starppilsētu zvans** (v)	[starppilsɛ:tu zvans]
internacional	**starptautiskais**	[starptautiskais]
chamada (f) internacional	**starptautiskais zvans** (v)	[starptautiskais zvans]

45. Telefone móvel

telemóvel (m)	**mobilais tālrunis** (v)	[mɔbilais ta:lrunis]
ecrã (m)	**displejs** (v)	[displejs]
botão (m)	**poga** (s)	[pɔga]
cartão SIM (m)	**SIM-karte** (s)	[sim-karte]
bateria (f)	**baterija** (s)	[baterija]
descarregar-se	**izlādēties**	[izla:de:tiɛs]
carregador (m)	**uzlādes ierīce** (s)	[uzla:des iɛri:tse]
menu (m)	**izvēlne** (s)	[izve:lne]
definições (f pl)	**uzstādījumi** (v dsk)	[uzsta:di:jumi]
melodia (f)	**melodija** (s)	[melɔdija]
escolher (vt)	**izvēlēties**	[izvɛ:le:tiɛs]
calculadora (f)	**kalkulators** (v)	[kalkulatɔrs]
correio (m) de voz	**autoatbildētājs** (v)	[autɔatbildɛ:ta:js]
despertador (m)	**modinātājs** (v)	[mɔdina:ta:js]
contatos (m pl)	**telefona grāmata** (s)	[tɛlefɔna gra:mata]
mensagem (f) de texto	**SMS-ziņa** (s)	[sms-ziņa]
assinante (m)	**abonents** (v)	[abɔnents]

46. Estacionário

caneta (f)	**lodīšu pildspalva** (s)	[lɔdi:ʃu pildspalva]
caneta (f) tinteiro	**spalvaskāts** (v)	[spalvaska:ts]
lápis (m)	**zīmulis** (v)	[zi:mulis]
marcador (m)	**marķieris** (v)	[martʲiɛris]
caneta (f) de feltro	**flomasteris** (v)	[flɔmasteris]

bloco (m) de notas	**bloknots** (v)	[blɔknɔts]
agenda (f)	**dienasgrāmata** (s)	[diɛnasgra:mata]
régua (f)	**lineāls** (v)	[linea:ls]
calculadora (f)	**kalkulators** (v)	[kalkulatɔrs]
borracha (f)	**dzēšgumija** (s)	[dze:ʃgumija]
pionés (m)	**piespraude** (s)	[piɛspraude]
clipe (m)	**saspraude** (s)	[saspraude]
cola (f)	**līme** (s)	[li:me]
agrafador (m)	**skavotājs** (v)	[skavɔta:js]
furador (m)	**caurumotājs** (v)	[tsaurumɔta:js]
afia-lápis (m)	**zīmuļu asināmais** (v)	[zi:muļu asina:mais]

47. Línguas estrangeiras

língua (f)	**valoda** (s)	[valɔda]
estrangeiro	**svešs**	[sveʃs]
língua (f) estrangeira	**svešvaloda** (s)	[sveʃvalɔda]
estudar (vt)	**pētīt**	[pe:ti:t]
aprender (vt)	**mācīties**	[ma:tsi:tiɛs]
ler (vt)	**lasīt**	[lasi:t]
falar (vi)	**runāt**	[runa:t]
compreender (vt)	**saprast**	[saprast]
escrever (vt)	**rakstīt**	[raksti:t]
rapidamente	**ātri**	[a:tri]
devagar	**lēni**	[le:ni]
fluentemente	**brīvi**	[bri:vi]
regras (f pl)	**noteikumi** (v dsk)	[nɔtɛikumi]
gramática (f)	**gramatika** (s)	[gramatika]
vocabulário (m)	**leksika** (s)	[leksika]
fonética (f)	**fonētika** (s)	[fɔne:tika]
manual (m) escolar	**mācību grāmata** (s)	[ma:tsi:bu gra:mata]
dicionário (m)	**vārdnīca** (s)	[va:rdni:tsa]
manual (m)	**pašmācības grāmata** (s)	[paʃma:tsi:bas gra:mata]
de autoaprendizagem		
guia (m) de conversação	**sarunvārdnīca** (s)	[sarunva:rdni:tsa]
cassete (f)	**kasete** (s)	[kasɛte]
vídeo cassete (m)	**videokasete** (s)	[videɔkasɛte]
CD (m)	**kompaktdisks** (v)	[kɔmpaktdisks]
DVD (m)	**DVD** (v)	[dvd]
alfabeto (m)	**alfabēts** (v)	[alfabe:ts]
soletrar (vt)	**izrunāt pa burtiem**	[izruna:t pa burtiɛm]
pronúncia (f)	**izruna** (s)	[izruna]
sotaque (m)	**akcents** (v)	[aktsents]
com sotaque	**ar akcentu**	[ar aktsentu]
sem sotaque	**bez akcenta**	[bez aktsenta]

palavra (f)	**vārds** (v)	[va:rds]
sentido (m)	**nozīme** (s)	[nɔzi:me]
cursos (m pl)	**kursi** (v dsk)	[kursi]
inscrever-se (vr)	**pierakstīties**	[piɛraksti:tiɛs]
professor (m)	**pasniedzējs** (v)	[pasniɛdze:js]
tradução (processo)	**tulkošana** (s)	[tulkɔʃana]
tradução (texto)	**tulkojums** (v)	[tulkɔjums]
tradutor (m)	**tulks** (v)	[tulks]
intérprete (m)	**tulks** (v)	[tulks]
poliglota (m)	**poliglots** (v)	[pɔliglɔts]
memória (f)	**atmiņa** (s)	[atmiɲa]

REFEIÇÕES. RESTAURANTE

48. Por a mesa

colher (f)	karote (s)	[karɔte]
faca (f)	nazis (v)	[nazis]
garfo (m)	dakša (s)	[dakʃa]
chávena (f)	tase (s)	[tase]
prato (m)	šķīvis (v)	[ʃtʲi:vis]
pires (m)	apakštase (s)	[apakʃtase]
guardanapo (m)	salvete (s)	[salvɛte]
palito (m)	zobu bakstāmais (v)	[zɔbu baksta:mais]

49. Restaurante

restaurante (m)	restorāns (v)	[restɔra:ns]
café (m)	kafejnīca (s)	[kafejni:tsa]
bar (m), cervejaria (f)	bārs (v)	[ba:rs]
salão (m) de chá	tēju nams (v)	[te:ju nams]
empregado (m) de mesa	oficiants (v)	[ɔfitsiants]
empregada (f) de mesa	oficiante (s)	[ɔfitsiante]
barman (m)	bārmenis (v)	[ba:rmenis]
ementa (f)	ēdienkarte (s)	[e:diɛnkarte]
lista (f) de vinhos	vīnu karte (s)	[vi:nu karte]
reservar uma mesa	rezervēt galdiņu	[rɛzerve:t galdiɲu]
prato (m)	ēdiens (v)	[e:diɛns]
pedir (vt)	pasūtīt	[pasu:ti:t]
fazer o pedido	pasūtīt	[pasu:ti:t]
aperitivo (m)	aperitīvs (v)	[aperiti:vs]
entrada (f)	uzkožamais (v)	[uzkɔʒamais]
sobremesa (f)	deserts (v)	[dɛserts]
conta (f)	rēķins (v)	[re:tʲins]
pagar a conta	samaksāt rēķinu	[samaksa:t re:tʲinu]
dar o troco	iedot atlikumu	[iɛdɔt atlikumu]
gorjeta (f)	dzeramnauda (s)	[dzɛramnauda]

50. Refeições

comida (f)	ēdiens (v)	[e:diɛns]
comer (vt)	ēst	[ɛ:st]

pequeno-almoço (m)	brokastis (s dsk)	[brɔkastis]
tomar o pequeno-almoço	brokastot	[brɔkastɔt]
almoço (m)	pusdienas (s dsk)	[pusdiɛnas]
almoçar (vi)	pusdienot	[pusdiɛnɔt]
jantar (m)	vakariņas (s dsk)	[vakariɲas]
jantar (vi)	vakariņot	[vakariɲɔt]

apetite (m)	apetīte (s)	[apeti:te]
Bom apetite!	Labu apetīti!	[labu apeti:ti!]

abrir (~ uma lata, etc.)	atvērt	[atve:rt]
derramar (vt)	izliet	[izliɛt]
derramar-se (vr)	izlieties	[izliɛtiɛs]

ferver (vi)	vārīties	[va:ri:tiɛs]
ferver (vt)	vārīt	[va:ri:t]
fervido	vārīts	[va:ri:ts]
arrefecer (vt)	atdzesēt	[atdzɛse:t]
arrefecer-se (vr)	atdzesēties	[atdzɛse:tiɛs]

sabor, gosto (m)	garša (s)	[garʃa]
gostinho (m)	piegarša (s)	[piɛgarʃa]

fazer dieta	tievēt	[tiɛve:t]
dieta (f)	diēta (s)	[diɛ:ta]
vitamina (f)	vitamīns (v)	[vitami:ns]
caloria (f)	kalorija (s)	[kalɔrija]
vegetariano (m)	veģetārietis (v)	[vɛdˡɛta:riɛtis]
vegetariano	veģetāriešu	[vɛdˡɛta:riɛʃu]

gorduras (f pl)	tauki (v dsk)	[tauki]
proteínas (f pl)	olbaltumvielas (s dsk)	[ɔlbaltumviɛlas]
carboidratos (m pl)	ogļhidrāti (v dsk)	[ɔglˡxidra:ti]
fatia (~ de limão, etc.)	šķēlīte (s)	[ʃtˡe:li:te]
pedaço (~ de bolo)	gabals (v)	[gabals]
migalha (f)	gabaliņš (v)	[gabaliɲʃ]

51. Pratos cozinhados

prato (m)	ēdiens (v)	[e:diɛns]
cozinha (~ portuguesa)	virtuve (s)	[virtuve]
receita (f)	recepte (s)	[retsepte]
porção (f)	porcija (s)	[pɔrtsija]

salada (f)	salāti (v dsk)	[sala:ti]
sopa (f)	zupa (s)	[zupa]

caldo (m)	buljons (v)	[buljɔns]
sandes (f)	sviestmaize (s)	[sviɛstmaize]
ovos (m pl) estrelados	ceptas olas (s dsk)	[tseptas ɔlas]

hambúrguer (m)	hamburgers (v)	[xamburgɛrs]
bife (m)	bifšteks (v)	[bifʃteks]
conduto (m)	piedeva (s)	[piɛdɛva]

55

espaguete (m)	spageti (v dsk)	[spageti]
puré (m) de batata	kartupeļu biezenis (v)	[kartupɛlʲu biɛzenis]
pizza (f)	pica (s)	[pitsa]
papa (f)	biezputra (s)	[biɛzputra]
omelete (f)	omlete (s)	[ɔmlɛte]

cozido em água	vārīts	[va:ri:ts]
fumado	kūpināts	[ku:pina:ts]
frito	cepts	[tsepts]
seco	žāvēts	[ʒa:ve:ts]
congelado	sasaldēts	[sasalde:ts]
em conserva	marinēts	[marine:ts]

doce (açucarado)	salds	[salds]
salgado	sāļš	[sa:lʲʃ]
frio	auksts	[auksts]
quente	karsts	[karsts]
amargo	rūgts	[ru:gts]
gostoso	garšīgs	[garʃi:gs]

cozinhar (em água a ferver)	vārīt	[va:ri:t]
fazer, preparar (vt)	gatavot	[gatavɔt]
fritar (vt)	cept	[tsept]
aquecer (vt)	uzsildīt	[uzsildi:t]

salgar (vt)	piebērt sāli	[piɛbe:rt sa:li]
apimentar (vt)	piparot	[piparɔt]
ralar (vt)	rīvēt	[ri:ve:t]
casca (f)	miza (s)	[miza]
descascar (vt)	mizot	[mizɔt]

52. Comida

carne (f)	gaļa (s)	[galʲa]
galinha (f)	vista (s)	[vista]
frango (m)	cālis (v)	[tsa:lis]
pato (m)	pīle (s)	[pi:le]
ganso (m)	zoss (s)	[zɔs]
caça (f)	medījums (v)	[medi:jums]
peru (m)	tītars (v)	[ti:tars]

carne (f) de porco	cūkgaļa (s)	[tsu:kgalʲa]
carne (f) de vitela	teļa gaļa (s)	[tɛlʲa galʲa]
carne (f) de carneiro	jēra gaļa (s)	[je:ra galʲa]
carne (f) de vaca	liellopu gaļa (s)	[liɛllopu galʲa]
carne (f) de coelho	trusis (v)	[trusis]

chouriço, salsichão (m)	desa (s)	[dɛsa]
salsicha (f)	cīsiņš (v)	[tsi:siɳʃ]
bacon (m)	bekons (v)	[bekɔns]
fiambre (f)	šķiņķis (v)	[ʃtʲiɳtʲis]
presunto (m)	šķiņķis (v)	[ʃtʲiɳtʲis]
patê (m)	pastēte (s)	[pastɛ:te]
fígado (m)	aknas (s dsk)	[aknas]

carne (f) moída	malta gaļa (s)	[malta gaļ'a]
língua (f)	mēle (s)	[mɛ:le]
ovo (m)	ola (s)	[ɔla]
ovos (m pl)	olas (s dsk)	[ɔlas]
clara (f) do ovo	baltums (v)	[baltums]
gema (f) do ovo	dzeltenums (v)	[dzeltenums]
peixe (m)	zivs (s)	[zivs]
mariscos (m pl)	jūras produkti (v dsk)	[ju:ras prɔdukti]
crustáceos (m pl)	vēžveidīgie (v dsk)	[ve:ʒvɛidi:giɛ]
caviar (m)	ikri (v dsk)	[ikri]
caranguejo (m)	krabis (v)	[krabis]
camarão (m)	garnele (s)	[garnɛle]
ostra (f)	austere (s)	[austɛre]
lagosta (f)	langusts (v)	[laŋgusts]
polvo (m)	astoņkājis (v)	[astoŋka:jis]
lula (f)	kalmārs (v)	[kalma:rs]
esturjão (m)	store (s)	[stɔre]
salmão (m)	lasis (v)	[lasis]
halibute (m)	āte (s)	[a:te]
bacalhau (m)	menca (s)	[mentsa]
cavala, sarda (f)	skumbrija (s)	[skumbrija]
atum (m)	tuncis (v)	[tuntsis]
enguia (f)	zutis (v)	[zutis]
truta (f)	forele (s)	[fɔrɛle]
sardinha (f)	sardīne (s)	[sardi:ne]
lúcio (m)	līdaka (s)	[li:daka]
arenque (m)	siļķe (s)	[sil' t'e]
pão (m)	maize (s)	[maize]
queijo (m)	siers (v)	[siɛrs]
açúcar (m)	cukurs (v)	[tsukurs]
sal (m)	sāls (v)	[sa:ls]
arroz (m)	rīsi (v dsk)	[ri:si]
massas (f pl)	makaroni (v dsk)	[makarɔni]
talharim (m)	nūdeles (s dsk)	[nu:dɛles]
manteiga (f)	sviests (v)	[sviɛsts]
óleo (m) vegetal	augu eļļa (s)	[augu ell'a]
óleo (m) de girassol	saulespuķu eļļa (s)	[saulesput'u ell'a]
margarina (f)	margarīns (v)	[margari:ns]
azeitonas (f pl)	olīvas (s dsk)	[ɔli:vas]
azeite (m)	olīveļļa (s)	[ɔli:vell'a]
leite (m)	piens (v)	[piɛns]
leite (m) condensado	kondensētais piens (v)	[kɔndensɛ:tais piɛns]
iogurte (m)	jogurts (v)	[jɔgurts]
nata (f) azeda	krējums (v)	[kre:jums]
nata (f) do leite	salds krējums (v)	[salds kre:jums]

maionese (f)	majonēze (s)	[majɔnɛ:ze]
creme (m)	krēms (v)	[kre:ms]

grãos (m pl) de cereais	putraimi (v dsk)	[putraimi]
farinha (f)	milti (v dsk)	[milti]
enlatados (m pl)	konservi (v dsk)	[kɔnservi]

flocos (m pl) de milho	kukurūzas pārslas (s dsk)	[kukuru:zas pa:rslas]
mel (m)	medus (v)	[mɛdus]
doce (m)	džems, ievārījums (v)	[dʒems], [iɛva:ri:jums]
pastilha (f) elástica	košļājamā gumija (s)	[kɔʃl'a:jama: gumija]

53. Bebidas

água (f)	ūdens (v)	[u:dens]
água (f) potável	dzeramais ūdens (v)	[dzɛramais u:dens]
água (f) mineral	minerālūdens (v)	[minɛra:lu:dens]

sem gás	negāzēts	[nɛga:ze:ts]
gaseificada	gāzēts	[ga:ze:ts]
com gás	dzirkstošs	[dzirkstɔʃs]
gelo (m)	ledus (v)	[lɛdus]
com gelo	ar ledu	[ar lɛdu]

sem álcool	bezalkoholisks	[bɛzalkɔxɔlisks]
bebida (f) sem álcool	bezalkoholiskais dzēriens (v)	[bɛzalkɔxɔliskais dze:riɛns]
refresco (m)	atspirdzinošs dzēriens (v)	[atspirdzinɔʃs dze:riɛns]
limonada (f)	limonāde (s)	[limɔna:de]

bebidas (f pl) alcoólicas	alkoholiskie dzērieni (v dsk)	[alkɔxɔliskiɛ dze:riɛni]
vinho (m)	vīns (v)	[vi:ns]
vinho (m) branco	baltvīns (v)	[baltvi:ns]
vinho (m) tinto	sarkanvīns (v)	[sarkanvi:ns]

licor (m)	liķieris (v)	[lit'iɛris]
champanhe (m)	šampanietis (v)	[ʃampaniɛtis]
vermute (m)	vermuts (v)	[vermuts]

uísque (m)	viskijs (v)	[viskijs]
vodka (f)	degvīns (v)	[degvi:ns]
gim (m)	džins (v)	[dʒins]
conhaque (m)	konjaks (v)	[kɔnjaks]
rum (m)	rums (v)	[rums]

café (m)	kafija (s)	[kafija]
café (m) puro	melnā kafija (s)	[melna: kafija]
café (m) com leite	kafija (s) ar pienu	[kafija ar piɛnu]
cappuccino (m)	kapučīno (v)	[kaputʃi:nɔ]
café (m) solúvel	šķīstošā kafija (s)	[ʃt'i:stɔʃa: kafija]

leite (m)	piens (v)	[piɛns]
coquetel (m)	kokteilis (v)	[kɔktɛilis]
batido (m) de leite	piena kokteilis (v)	[piɛna kɔktɛilis]

sumo (m)	sula (s)	[sula]
sumo (m) de tomate	tomātu sula (s)	[tɔmaːtu sula]
sumo (m) de laranja	apelsīnu sula (s)	[apɛlsiːnu sula]
sumo (m) fresco	svaigi spiesta sula (s)	[svaigi spiɛsta sula]
cerveja (f)	alus (v)	[alus]
cerveja (f) clara	gaišais alus (v)	[gaiʃais alus]
cerveja (f) preta	tumšais alus (v)	[tumʃais alus]
chá (m)	tēja (s)	[teːja]
chá (m) preto	melnā tēja (s)	[melna: teːja]
chá (m) verde	zaļā tēja (s)	[zalʲaː teːja]

54. Vegetais

legumes (m pl)	dārzeņi (v dsk)	[daːrzeɲi]
verduras (f pl)	zaļumi (v dsk)	[zalʲumi]
tomate (m)	tomāts (v)	[tɔmaːts]
pepino (m)	gurķis (v)	[gurtʲis]
cenoura (f)	burkāns (v)	[burkaːns]
batata (f)	kartupelis (v)	[kartupelis]
cebola (f)	sīpols (v)	[siːpɔls]
alho (m)	ķiploks (v)	[tʲiplɔks]
couve (f)	kāposti (v dsk)	[kaːpɔsti]
couve-flor (f)	puķkāposti (v dsk)	[putʲkaːpɔsti]
couve-de-bruxelas (f)	Briseles kāposti (v dsk)	[brisɛles kaːpɔsti]
brócolos (m pl)	brokolis (v)	[brɔkɔlis]
beterraba (f)	biete (s)	[biɛte]
beringela (f)	baklažāns (v)	[baklaʒaːns]
curgete (f)	kabacis (v)	[kabatsis]
abóbora (f)	ķirbis (v)	[tʲirbis]
nabo (m)	rācenis (v)	[raːtsenis]
salsa (f)	pētersīlis (v)	[pɛːtɛrsiːlis]
funcho, endro (m)	dilles (s dsk)	[dilles]
alface (f)	dārza salāti (v dsk)	[daːrza salaːti]
aipo (m)	selerija (s)	[sɛlerija]
espargo (m)	sparģelis (v)	[spardʲelis]
espinafre (m)	spināti (v dsk)	[spinaːti]
ervilha (f)	zirnis (v)	[zirnis]
fava (f)	pupas (s dsk)	[pupas]
milho (m)	kukurūza (s)	[kukuruːza]
feijão (m)	pupiņas (s dsk)	[pupiɲas]
pimentão (m)	graudu pipars (v)	[graudu pipars]
rabanete (m)	redīss (v)	[rediːs]
alcachofra (f)	artišoks (v)	[artiʃɔks]

55. Frutos. Nozes

fruta (f)	auglis (v)	[auglis]
maçã (f)	ābols (v)	[a:bɔls]
pera (f)	bumbieris (v)	[bumbiɛris]
limão (m)	citrons (v)	[tsitrɔns]
laranja (f)	apelsīns (v)	[apɛlsi:ns]
morango (m)	zemene (s)	[zɛmɛne]
tangerina (f)	mandarīns (v)	[mandari:ns]
ameixa (f)	plūme (s)	[plu:me]
pêssego (m)	persiks (v)	[pɛrsiks]
damasco (m)	aprikoze (s)	[aprikɔze]
framboesa (f)	avene (s)	[avɛne]
ananás (m)	ananāss (v)	[anana:s]
banana (f)	banāns (v)	[bana:ns]
melancia (f)	arbūzs (v)	[arbu:zs]
uva (f)	vīnoga (s)	[vi:nɔga]
ginja (f)	skābais ķirsis (v)	[ska:bais tˌirsis]
cereja (f)	saldais ķirsis (v)	[saldais tˌirsis]
meloa (f)	melone (s)	[melɔne]
toranja (f)	greipfrūts (v)	[grɛipfru:ts]
abacate (m)	avokado (v)	[avɔkadɔ]
papaia (f)	papaija (s)	[papaija]
manga (f)	mango (v)	[maŋgɔ]
romã (f)	granātābols (v)	[grana:ta:bɔls]
groselha (f) vermelha	sarkanā jāņoga (s)	[sarkana: ja:ɲɔga]
groselha (f) preta	upene (s)	[upɛne]
groselha (f) espinhosa	ērkšķoga (s)	[e:rkʃtˌɔga]
mirtilo (m)	mellene (s)	[mellɛne]
amora silvestre (f)	kazene (s)	[kazɛne]
uvas (f pl) passas	rozīne (s)	[rɔzi:ne]
figo (m)	vīģe (s)	[vi:dˌe]
tâmara (f)	datele (s)	[datɛle]
amendoim (m)	zemesrieksts (v)	[zɛmesriɛksts]
amêndoa (f)	mandeles (s dsk)	[mandɛles]
noz (f)	valrieksts (v)	[valriɛksts]
avelã (f)	lazdu rieksts (v)	[lazdu riɛksts]
coco (m)	kokosrieksts (v)	[kɔkɔsriɛksts]
pistáchios (m pl)	pistācijas (s dsk)	[pista:tsijas]

56. Pão. Bolaria

pastelaria (f)	konditorejas izstrādājumi (v dsk)	[kɔnditɔrejas izstra:da:jumi]
pão (m)	maize (s)	[maize]
bolacha (f)	cepumi (v dsk)	[tsɛpumi]
chocolate (m)	šokolāde (s)	[ʃɔkɔla:de]

de chocolate	šokolādes	[ʃɔkɔlaːdes]
rebuçado (m)	konfekte (s)	[kɔnfekte]
bolo (cupcake, etc.)	kūka (s)	[kuːka]
bolo (m) de aniversário	torte (s)	[tɔrte]

| tarte (~ de maçã) | pīrāgs (v) | [piːraːgs] |
| recheio (m) | pildījums (v) | [pildiːjums] |

doce (m)	ievārījums (v)	[iɛvaːriːjums]
geleia (f) de frutas	marmelāde (s)	[marmɛlaːde]
waffle (m)	vafeles (s dsk)	[vafɛles]
gelado (m)	saldējums (v)	[saldeːjums]
pudim (m)	pudiņš (v)	[pudiɲʃ]

57. Especiarias

sal (m)	sāls (v)	[saːls]
salgado	sāļš	[saːlʲʃ]
salgar (vt)	piebērt sāli	[piɛbeːrt saːli]

pimenta (f) preta	melnie pipari (v dsk)	[melniɛ pipari]
pimenta (f) vermelha	paprika (s)	[paprika]
mostarda (f)	sinepes (s dsk)	[sinɛpes]
raiz-forte (f)	mārrutki (v dsk)	[maːrrutki]

condimento (m)	piedeva (s)	[piɛdɛva]
especiaria (f)	garšviela (s)	[garʃviɛla]
molho (m)	mērce (s)	[meːrtse]
vinagre (m)	etiķis (v)	[ɛtitʲis]

anis (m)	anīss (v)	[aniːs]
manjericão (m)	baziliks (v)	[baziliks]
cravo (m)	krustnagliņas (s dsk)	[krustnagliɲas]
gengibre (m)	ingvers (v)	[iŋgvɛrs]
coentro (m)	koriandrs (v)	[koriandrs]
canela (f)	kanēlis (v)	[kaneːlis]

sésamo (m)	sezams (v)	[sɛzams]
folhas (f pl) de louro	lauru lapa (s)	[lauru lapa]
páprica (f)	paprika (s)	[paprika]
cominho (m)	ķimenes (s dsk)	[tʲimɛnes]
açafrão (m)	safrāns (v)	[safraːns]

INFORMAÇÃO PESSOAL. FAMÍLIA

58. Informação pessoal. Formulários

nome (m)	vārds (v)	[va:rds]
apelido (m)	uzvārds (v)	[uzva:rds]
data (f) de nascimento	dzimšanas datums (v)	[dzimʃanas datums]
local (m) de nascimento	dzimšanas vieta (s)	[dzimʃanas viɛta]
nacionalidade (f)	tautība (s)	[tauti:ba]
lugar (m) de residência	dzīves vieta (s)	[dzi:ves viɛta]
país (m)	valsts (s)	[valsts]
profissão (f)	profesija (s)	[prɔfesija]
sexo (m)	dzimums (v)	[dzimums]
estatura (f)	augums (v)	[augums]
peso (m)	svars (v)	[svars]

59. Membros da família. Parentes

mãe (f)	māte (s)	[ma:te]
pai (m)	tēvs (v)	[te:vs]
filho (m)	dēls (v)	[dɛ:ls]
filha (f)	meita (s)	[mɛita]
filha (f) mais nova	jaunākā meita (s)	[jauna:ka: mɛita]
filho (m) mais novo	jaunākais dēls (v)	[jauna:kais dɛ:ls]
filha (f) mais velha	vecākā meita (s)	[vetsa:ka: mɛita]
filho (m) mais velho	vecākais dēls (v)	[vetsa:kais dɛ:ls]
irmão (m)	brālis (v)	[bra:lis]
irmão (m) mais velho	vecākais brālis (v)	[vetsa:kais bra:lis]
irmão (m) mais novo	jaunākais brālis (v)	[jauna:kais bra:lis]
irmã (f)	māsa (s)	[ma:sa]
irmã (f) mais velha	vecākā māsa (s)	[vetsa:ka: ma:sa]
irmã (f) mais nova	jaunākā māsa (s)	[jauna:ka: ma:sa]
primo (m)	brālēns (v)	[bra:le:ns]
prima (f)	māsīca (s)	[ma:si:tsa]
mamã (f)	māmiņa (s)	[ma:miɲa]
papá (m)	tētis (v)	[te:tis]
pais (pl)	vecāki (v dsk)	[vetsa:ki]
criança (f)	bērns (v)	[be:rns]
crianças (f pl)	bērni (v dsk)	[be:rni]
avó (f)	vecmāmiņa (s)	[vetsma:miɲa]
avô (m)	vectēvs (v)	[vetste:vs]
neto (m)	mazdēls (v)	[mazdɛ:ls]

neta (f)	**mazmeita** (s)	[mazmɛita]
netos (pl)	**mazbērni** (v dsk)	[mazbe:rni]
tio (m)	**onkulis** (v)	[ɔnkulis]
tia (f)	**tante** (s)	[tante]
sobrinho (m)	**brāļadēls, māsasdēls** (v)	[bra:lʲadɛ:ls], [ma:sasdɛ:ls]
sobrinha (f)	**brāļameita, māsasmeita** (s)	[bra:lʲamɛita], [ma:sasmɛita]
sogra (f)	**sievasmāte, vīramāte** (s)	[siɛvasma:te], [vi:rama:te]
sogro (m)	**sievastēvs, vīratēvs** (v)	[siɛvaste:vs], [vi:rate:vs]
genro (m)	**znots** (v)	[znɔts]
madrasta (f)	**pamāte** (s)	[pama:te]
padrasto (m)	**patēvs** (v)	[pate:vs]
criança (f) de colo	**krūts bērns** (v)	[kru:ts be:rns]
bebé (m)	**zīdainis** (v)	[zi:dainis]
menino (m)	**mazulis** (v)	[mazulis]
mulher (f)	**sieva** (s)	[siɛva]
marido (m)	**vīrs** (v)	[vi:rs]
esposo (m)	**dzīvesbiedrs** (v)	[dzi:vesbiɛdrs]
esposa (f)	**dzīvesbiedre** (s)	[dzi:vesbiɛdre]
casado	**precējies**	[pretse:jiɛs]
casada	**precējusies**	[pretse:jusiɛs]
solteiro	**neprecējies**	[nepretse:jiɛs]
solteirão (m)	**vecpuisis** (v)	[vetspuisis]
divorciado	**šķīries**	[ʃtʲi:riɛs]
viúva (f)	**atraitne** (s)	[atraitne]
viúvo (m)	**atraitnis** (v)	[atraitnis]
parente (m)	**radinieks** (v)	[radiniɛks]
parente (m) próximo	**tuvs radinieks** (v)	[tuvs radiniɛks]
parente (m) distante	**tāls radinieks** (v)	[ta:ls radiniɛks]
parentes (m pl)	**radi** (v dsk)	[radi]
órfão (m)	**bārenis** (v)	[ba:renis]
órfã (f)	**bārene** (s)	[ba:rɛne]
tutor (m)	**aizbildnis** (v)	[aizbildnis]
adotar (um filho)	**adoptēt zēnu**	[adɔpte:t zɛ:nu]
adotar (uma filha)	**adoptēt meiteni**	[adɔpte:t mɛiteni]

60. Amigos. Colegas de trabalho

amigo (m)	**draugs** (v)	[draugs]
amiga (f)	**draudzene** (s)	[draudzɛne]
amizade (f)	**draudzība** (s)	[draudzi:ba]
ser amigos	**draudzēties**	[draudze:tiɛs]
amigo (m)	**draugs** (v)	[draugs]
amiga (f)	**draudzene** (s)	[draudzɛne]
parceiro (m)	**partneris** (v)	[partneris]
chefe (m)	**šefs** (v)	[ʃefs]
superior (m)	**priekšnieks** (v)	[priɛkʃniɛks]

proprietário (m)	**īpašnieks** (v)	[i:paʃniɛks]
subordinado (m)	**padotais** (v)	[padɔtais]
colega (m)	**kolēģis** (v)	[kɔle:dʲis]
conhecido (m)	**paziņa (s, v)**	[paziɲa]
companheiro (m) de viagem	**ceļabiedrs** (v)	[tsɛlʲabiɛdrs]
colega (m) de classe	**klases biedrs** (v)	[klases biɛdrs]
vizinho (m)	**kaimiņš** (v)	[kaimiɲʃ]
vizinha (f)	**kaimiņiene** (s)	[kaimiɲiɛne]
vizinhos (pl)	**kaimiņi** (v dsk)	[kaimiɲi]

CORPO HUMANO. MEDICINA

61. Cabeça

cabeça (f)	galva (s)	[galva]
cara (f)	seja (s)	[seja]
nariz (m)	deguns (v)	[dɛguns]
boca (f)	mute (s)	[mute]
olho (m)	acs (s)	[ats]
olhos (m pl)	acis (s dsk)	[atsis]
pupila (f)	acs zīlīte (s)	[ats ziːliːte]
sobrancelha (f)	uzacs (s)	[uzats]
pestana (f)	skropsta (s)	[skrɔpsta]
pálpebra (f)	plakstiņš (v)	[plakstiɲʃ]
língua (f)	mēle (s)	[mɛːle]
dente (m)	zobs (v)	[zɔbs]
lábios (m pl)	lūpas (s dsk)	[luːpas]
maçãs (f pl) do rosto	vaigu kauli (v dsk)	[vaigu kauli]
gengiva (f)	smaganas (s dsk)	[smaganas]
palato (m)	aukslējas (s dsk)	[auksleːjas]
narinas (f pl)	nāsis (s dsk)	[naːsis]
queixo (m)	zods (v)	[zɔds]
mandíbula (f)	žoklis (v)	[ʒɔklis]
bochecha (f)	vaigs (v)	[vaigs]
testa (f)	piere (s)	[piɛre]
têmpora (f)	deniņi (v dsk)	[deniɲi]
orelha (f)	auss (s)	[aus]
nuca (f)	pakausis (v)	[pakausis]
pescoço (m)	kakls (v)	[kakls]
garganta (f)	rīkle (s)	[riːkle]
cabelos (m pl)	mati (v dsk)	[mati]
penteado (m)	frizūra (s)	[frizuːra]
corte (m) de cabelo	matu griezums (v)	[matu griɛzums]
peruca (f)	parūka (s)	[paruːka]
bigode (m)	ūsas (s dsk)	[uːsas]
barba (f)	bārda (s)	[baːrda]
usar, ter (~ barba, etc.)	ir	[ir]
trança (f)	bize (s)	[bize]
suíças (f pl)	vaigubārda (s)	[vaigubaːrda]
ruivo	ruds	[ruds]
grisalho	sirms	[sirms]
calvo	plikgalvains	[plikgalvains]
calva (f)	plika galva (s)	[plika galva]

rabo-de-cavalo (m)   zirgaste (s)   [zirgaste]
franja (f)   mati uz pieres (v)   [mati uz piɛres]

62. Corpo humano

mão (f)   delna (s)   [delna]
braço (m)   roka (s)   [rɔka]

dedo (m)   pirksts (v)   [pirksts]
dedo (m) do pé   kājas īkšķis (v)   [ka:jas i:kʃtⁱis]
polegar (m)   īkšķis (v)   [i:kʃtⁱis]
dedo (m) mindinho   mazais pirkstiņš (v)   [mazais pirkstiɲʃ]
unha (f)   nags (v)   [nags]

punho (m)   dūre (s)   [du:re]
palma (f) da mão   plauksta (s)   [plauksta]
pulso (m)   plakkstas locītava (s) [plaukstas lɔtsi:tava]
antebraço (m)   apakšdelms (v)   [apakʃdelms]
cotovelo (m)   elkonis (v)   [elkɔnis]
ombro (m)   augšdelms (v)   [augʃdelms]

perna (f)   kāja (s)   [ka:ja]
pé (m)   pēda (s)   [pɛ:da]
joelho (m)   celis (v)   [tselis]
barriga (f) da perna   apakšstilbs (v)   [apakʃstilbs]
anca (f)   gurns (v)   [gurns]
calcanhar (m)   papēdis (v)   [pape:dis]

corpo (m)   ķermenis (v)   [tⁱermenis]
barriga (f)   vēders (v)   [vɛ:dɛrs]
peito (m)   krūškurvis (v)   [kru:ʃkurvis]
seio (m)   krūts (s)   [kru:ts]
lado (m)   sāns (v)   [sa:ns]
costas (f pl)   mugura (s)   [mugura]
região (f) lombar   krusti (v dsk)   [krusti]
cintura (f)   viduklis (v)   [viduklis]

umbigo (m)   naba (s)   [naba]
nádegas (f pl)   gūžas (s dsk)   [gu:ʒas]
traseiro (m)   dibens (v)   [dibens]

sinal (m)   dzimumzīme (s)   [dzimumzi:me]
sinal (m) de nascença dzimumzīme (s)   [dzimumzi:me]
tatuagem (f)   tetovējums (v)   [tetɔve:jums]
cicatriz (f)   rēta (s)   [rɛ:ta]

63. Doenças

doença (f)   slimība (s)   [slimi:ba]
estar doente   slimot   [slimɔt]
saúde (f)   veselība (s)   [vɛseli:ba]
nariz (m) a escorrer   iesnas (s dsk)   [iɛsnas]

amigdalite (f)	angīna (s)	[aŋgi:na]
constipação (f)	saaukstēšanās (s)	[saaukste:ʃana:s]
constipar-se (vr)	saaukstēties	[saaukste:tiɛs]
bronquite (f)	bronhīts (v)	[brɔnxi:ts]
pneumonia (f)	plaušu karsonis (v)	[plauʃu karsɔnis]
gripe (f)	gripa (s)	[gripa]
míope	tuvredzīgs	[tuvredzi:gs]
presbita	tālredzīgs	[ta:lredzi:gs]
estrabismo (m)	šķielēšana (s)	[ʃtɕiɛle:ʃana]
estrábico	šķielējošs	[ʃtɕiɛle:jɔʃs]
catarata (f)	katarakta (s)	[katarakta]
glaucoma (m)	glaukoma (s)	[glaukɔma]
AVC (m), apoplexia (f)	insults (v)	[insults]
ataque (m) cardíaco	infarkts (v)	[infarkts]
enfarte (m) do miocárdio	miokarda infarkts (v)	[miɔkarda infarkts]
paralisia (f)	paralīze (s)	[parali:ze]
paralisar (vt)	paralizēt	[paralize:t]
alergia (f)	alerģija (s)	[alerdʲija]
asma (f)	astma (s)	[astma]
diabetes (f)	diabēts (v)	[diabe:ts]
dor (f) de dentes	zobu sāpes (s dsk)	[zɔbu sa:pes]
cárie (f)	kariess (v)	[kariɛs]
diarreia (f)	caureja (s)	[tsaureja]
prisão (f) de ventre	aizcietējums (v)	[aiztsiɛte:jums]
desarranjo (m) intestinal	gremošanas traucējumi (v dsk)	[gremɔʃanas trautse:jumi]
intoxicação (f) alimentar	saindēšanās (s)	[sainde:ʃana:s]
intoxicar-se	saindēties	[sainde:tiɛs]
artrite (f)	artrīts (v)	[artri:ts]
raquitismo (m)	rahīts (v)	[raxi:ts]
reumatismo (m)	reimatisms (v)	[rɛimatisms]
arteriosclerose (f)	ateroskleroze (s)	[aterɔsklerɔze]
gastrite (f)	gastrīts (v)	[gastri:ts]
apendicite (f)	apendicīts (v)	[apenditsi:ts]
colecistite (f)	holecistīts (v)	[xɔletsisti:ts]
úlcera (f)	čūla (s)	[tʃu:la]
sarampo (m)	masalas (s dsk)	[masalas]
rubéola (f)	masaliņas (s dsk)	[masaliɲas]
iterícia (f)	dzeltenā kaite (s)	[dzeltɛna: kaite]
hepatite (f)	hepatīts (v)	[xɛpati:ts]
esquizofrenia (f)	šizofrēnija (s)	[ʃizɔfre:nija]
raiva (f)	trakumsērga (s)	[trakumse:rga]
neurose (f)	neiroze (s)	[nɛirɔze]
comoção (f) cerebral	smadzeņu satricinājums (v)	[smadzɛɲu satritsina:jums]
cancro (m)	vēzis (v)	[ve:zis]
esclerose (f)	skleroze (s)	[sklerɔze]

esclerose (f) múltipla	multiplā skleroze (s)	[multipla: sklerɔze]
alcoolismo (m)	alkoholisms (v)	[alkɔxɔlisms]
alcoólico (m)	alkoholiķis (v)	[alkɔxɔlitʲis]
sífilis (f)	sifiliss (v)	[sifilis]
SIDA (f)	AIDS (v)	[aids]

tumor (m)	audzējs (v)	[audze:js]
maligno	ļaundabīgs	[lʲaundabi:gs]
benigno	labdabīgs	[labdabi:gs]
febre (f)	drudzis (v)	[drudzis]
malária (f)	malārija (s)	[mala:rija]
gangrena (f)	gangrēna (s)	[gaŋgrɛ:na]
enjoo (m)	jūras slimība (s)	[ju:ras slimi:ba]
epilepsia (f)	epilepsija (s)	[epilepsija]

epidemia (f)	epidēmija (s)	[epide:mija]
tifo (m)	tīfs (v)	[ti:fs]
tuberculose (f)	tuberkuloze (s)	[tuberkulɔze]
cólera (f)	holēra (s)	[xɔlɛ:ra]
peste (f)	mēris (v)	[me:ris]

64. Sintomas. Tratamentos. Parte 1

sintoma (m)	simptoms (v)	[simptɔms]
temperatura (f)	temperatūra (s)	[tempɛratu:ra]
febre (f)	augsta temperatūra (s)	[augsta tempɛratu:ra]
pulso (m)	pulss (v)	[puls]

vertigem (f)	galvas reibšana (s)	[galvas rɛibʃana]
quente (testa, etc.)	karsts	[karsts]
calafrio (m)	drebuļi (v dsk)	[drɛbulʲi]
pálido	bāls	[ba:ls]

tosse (f)	klepus (v)	[klɛpus]
tossir (vi)	klepot	[klepɔt]
espirrar (vi)	šķaudīt	[ʃtʲaudi:t]
desmaio (m)	ģībonis (v)	[dʲi:bɔnis]
desmaiar (vi)	paģībt	[padʲi:bt]

nódoa (f) negra	zilums (v)	[zilums]
galo (m)	puns (v)	[puns]
magoar-se (vr)	atsisties	[atsistiɛs]
pisadura (f)	sasitums (v)	[sasitums]
aleijar-se (vr)	sasisties	[sasistiɛs]

coxear (vi)	klibot	[klibɔt]
deslocação (f)	izmežģījums (v)	[izmeʒdʲi:jums]
deslocar (vt)	izmežģīt	[izmeʒdʲi:t]
fratura (f)	lūzums (v)	[lu:zums]
fraturar (vt)	dabūt lūzumu	[dabu:t lu:zumu]

corte (m)	iegriezums (v)	[iɛgriɛzums]
cortar-se (vr)	sagriezties	[sagriɛztiɛs]
hemorragia (f)	asiņošana (s)	[asiɲoʃana]

| queimadura (f) | apdegums (v) | [apdɛgums] |
| queimar-se (vr) | apdedzināties | [apdedzina:tiɛs] |

picar (vt)	sadurt	[sadurt]
picar-se (vr)	sadurties	[sadurtiɛs]
lesionar (vt)	sabojāt	[saboja:t]
lesão (m)	traumēšana (s)	[traume:ʃana]
ferida (f), ferimento (m)	ievainojums (v)	[iɛvainojums]
trauma (m)	trauma (s)	[trauma]

delirar (vi)	murgot	[murgot]
gaguejar (vi)	stostīties	[stosti:tiɛs]
insolação (f)	saules dūriens (v)	[saules du:riɛns]

65. Sintomas. Tratamentos. Parte 2

| dor (f) | sāpes (s dsk) | [sa:pes] |
| farpa (no dedo) | skabarga (s) | [skabarga] |

suor (m)	sviedri (v dsk)	[sviɛdri]
suar (vi)	svīst	[svi:st]
vómito (m)	vemšana (s)	[vemʃana]
convulsões (f pl)	krampji (v dsk)	[krampji]

grávida	grūta	[gru:ta]
nascer (vi)	piedzimt	[piɛdzimt]
parto (m)	dzemdĩbas (s dsk)	[dzemdi:bas]
dar à luz	dzemdēt	[dzemde:t]
aborto (m)	aborts (v)	[aborts]

respiração (f)	elpošana (s)	[elpoʃana]
inspiração (f)	ieelpa (s)	[iɛelpa]
expiração (f)	izelpa (s)	[izelpa]
expirar (vi)	izelpot	[izelpot]
inspirar (vi)	ieelpot	[iɛelpot]

inválido (m)	invalīds (v)	[invali:ds]
aleijado (m)	kroplis (v)	[kroplis]
toxicodependente (m)	narkomāns (v)	[narkoma:ns]

surdo	kurls	[kurls]
mudo	mēms	[me:ms]
surdo-mudo	kurlmēms	[kurlme:ms]

louco (adj.)	traks	[traks]
louco (m)	trakais (v)	[trakais]
louca (f)	traka (s)	[traka]
ficar louco	zaudēt prātu	[zaude:t pra:tu]

gene (m)	gēns (v)	[ge:ns]
imunidade (f)	imunitāte (s)	[imunita:te]
hereditário	mantojams	[mantojams]
congénito	iedzimts	[iɛdzimts]
vírus (m)	vīruss (v)	[vi:rus]

micróbio (m)	mikrobs (v)	[mikrɔbs]
bactéria (f)	baktērija (s)	[bakte:rija]
infeção (f)	infekcija (s)	[infektsija]

66. Sintomas. Tratamentos. Parte 3

hospital (m)	slimnīca (s)	[slimni:tsa]
paciente (m)	pacients (v)	[patsiɛnts]
diagnóstico (m)	diagnoze (s)	[diagnɔze]
cura (f)	ārstēšana (s)	[a:rste:ʃana]
tratamento (m) médico	ārstēšana (s)	[a:rste:ʃana]
curar-se (vr)	ārstēties	[a:rste:tiɛs]
tratar (vt)	ārstēt	[a:rste:t]
cuidar (pessoa)	apkopt	[apkɔpt]
cuidados (m pl)	apkope (s)	[apkɔpe]
operação (f)	operācija (s)	[opɛra:tsija]
enfaixar (vt)	pārsiet	[pa:rsiɛt]
enfaixamento (m)	pārsiešana (s)	[pa:rsiɛʃana]
vacinação (f)	potēšana (s)	[pote:ʃana]
vacinar (vt)	potēt	[pote:t]
injeção (f)	injekcija (s)	[injektsija]
dar uma injeção	injicēt	[injitse:t]
ataque (~ de asma, etc.)	lēkme (s)	[le:kme]
amputação (f)	amputācija (s)	[amputa:tsija]
amputar (vt)	amputēt	[ampute:t]
coma (f)	koma (s)	[kɔma]
estar em coma	būt komā	[bu:t kɔma:]
reanimação (f)	reanimācija (s)	[reanima:tsija]
recuperar-se (vr)	atveseļoties	[atvɛseljɔtiɛs]
estado (~ de saúde)	stāvoklis (v)	[sta:vɔklis]
consciência (f)	apziņa (s)	[apziɲa]
memória (f)	atmiņa (s)	[atmiɲa]
tirar (vt)	izraut	[izraut]
chumbo (m), obturação (f)	plomba (s)	[plɔmba]
chumbar, obturar (vt)	plombēt	[plɔmbe:t]
hipnose (f)	hipnoze (s)	[xipnɔze]
hipnotizar (vt)	hipnotizēt	[xipnɔtize:t]

67. Medicina. Drogas. Acessórios

medicamento (m)	zāles (s dsk)	[za:les]
remédio (m)	līdzeklis (v)	[li:dzeklis]
receitar (vt)	izrakstīt	[izraksti:t]
receita (f)	recepte (s)	[retsepte]
comprimido (m)	tablete (s)	[tablɛte]

pomada (f)	ziede (s)	[ziɛde]
ampola (f)	ampula (s)	[ampula]
preparado (m)	mikstūra (s)	[mikstu:ra]
xarope (m)	sīrups (v)	[si:rups]
cápsula (f)	zāļu kapsula (s)	[za:lʲu kapsula]
remédio (m) em pó	pulveris (v)	[pulveris]
ligadura (f)	saite (s)	[saite]
algodão (m)	vate (s)	[vate]
iodo (m)	jods (v)	[jɔds]
penso (m) rápido	plāksteris (v)	[pla:ksteris]
conta-gotas (m)	pipete (s)	[pipɛte]
termómetro (m)	termometrs (v)	[termɔmetrs]
seringa (f)	šļirce (s)	[ʃlʲirtse]
cadeira (f) de rodas	ratiņkrēsls (v)	[ratiŋkre:sls]
muletas (f pl)	kruķi (v dsk)	[krutʲi]
analgésico (m)	pretsāpju līdzeklis (v)	[pretsa:pju li:dzeklis]
laxante (m)	caurejas līdzeklis (v)	[tsaurejas li:dzeklis]
álcool (m) etílico	spirts (v)	[spirts]
ervas (f pl) medicinais	zāle (s)	[za:le]
de ervas (chá ~)	zāļu	[za:lʲu]

APARTAMENTO

68. Apartamento

apartamento (m)	dzīvoklis (v)	[dzi:vɔklis]
quarto (m)	istaba (s)	[istaba]
quarto (m) de dormir	guļamistaba (s)	[guļamistaba]
sala (f) de jantar	ēdamistaba (s)	[ɛ:damistaba]
sala (f) de estar	viesistaba (s)	[viɛsistaba]
escritório (m)	kabinets (v)	[kabinets]
antessala (f)	priekštelpa (s)	[priɛkʃtelpa]
quarto (m) de banho	vannas istaba (s)	[vannas istaba]
toilette (lavabo)	tualete (s)	[tualɛte]
teto (m)	griesti (v dsk)	[griɛsti]
chão, soalho (m)	grīda (s)	[gri:da]
canto (m)	kakts (v)	[kakts]

69. Mobiliário. Interior

mobiliário (m)	mēbeles (s dsk)	[me:bɛles]
mesa (f)	galds (v)	[galds]
cadeira (f)	krēsls (v)	[kre:sls]
cama (f)	gulta (s)	[gulta]
divã (m)	dīvāns (v)	[di:va:ns]
cadeirão (m)	atpūtas krēsls (v)	[atpu:tas kre:sls]
estante (f)	grāmatplaukts (v)	[gra:matplaukts]
prateleira (f)	plaukts (v)	[plaukts]
guarda-vestidos (m)	drēbju skapis (v)	[dre:bju skapis]
cabide (m) de parede	pakaramais (v)	[pakaramais]
cabide (m) de pé	stāvpakaramais (v)	[sta:vpakaramais]
cómoda (f)	kumode (s)	[kumɔde]
mesinha (f) de centro	žurnālu galdiņš (v)	[ʒurna:lu galdiɲʃ]
espelho (m)	spogulis (v)	[spɔgulis]
tapete (m)	paklājs (v)	[pakla:js]
tapete (m) pequeno	paklājiņš (v)	[pakla:jiɲʃ]
lareira (f)	kamīns (v)	[kami:ns]
vela (f)	svece (s)	[svetse]
castiçal (m)	svečturis (v)	[svetʃturis]
cortinas (f pl)	aizkari (v dsk)	[aizkari]
papel (m) de parede	tapetes (s dsk)	[tapɛtes]

estores (f pl)   žalūzijas (s dsk)   [ʒalu:zijas]
candeeiro (m) de mesa   galda lampa (s)   [galda lampa]
candeeiro (m) de parede   gaismeklis (v)   [gaismeklis]
candeeiro (m) de pé   stāvlampa (s)   [sta:vlampa]
lustre (m)   lustra (s)   [lustra]

pé (de mesa, etc.)   kāja (s)   [ka:ja]
braço (m)   elkoņa balsts (v)   [elkoɲa balsts]
costas (f pl)   atzveltne (s)   [atzveltne]
gaveta (f)   atvilktne (s)   [atvilktne]

70. Quarto de dormir

roupa (f) de cama   gultas veļa (s)   [gultas vɛlʲa]
almofada (f)   spilvens (v)   [spilvens]
fronha (f)   spilvendrāna (s)   [spilvendra:na]
cobertor (m)   sega (s)   [sɛga]
lençol (m)   palags (v)   [palags]
colcha (f)   pārsegs (v)   [pa:rsegs]

71. Cozinha

cozinha (f)   virtuve (s)   [virtuve]
gás (m)   gāze (s)   [ga:ze]
fogão (m) a gás   gāzes plīts (v)   [ga:zes pli:ts]
fogão (m) elétrico   elektriskā plīts (v)   [ɛlektriska: pli:ts]
forno (m)   cepeškrāsns (v)   [tsɛpeʃkra:sns]
forno (m) de micro-ondas   mikroviļņu krāsns (v)   [mikroviļʲɲu kra:sns]

frigorífico (m)   ledusskapis (v)   [lɛduskapis]
congelador (m)   saldētava (s)   [saldɛ:tava]
máquina (f) de lavar louça   trauku mazgājamā mašīna (s)   [trauku mazga:jama: maʃi:na]

moedor (m) de carne   gaļas mašīna (s)   [gaļʲas maʃi:na]
espremedor (m)   sulu spiede (s)   [sulu spiɛde]
torradeira (f)   tosters (v)   [tɔstɛrs]
batedeira (f)   mikseris (v)   [mikseris]

máquina (f) de café   kafijas apàrāts (v)   [kafijas apara:ts]
cafeteira (f)   kafijas kanna (s)   [kafijas kanna]
moinho (m) de café   kafijas dzirnaviņas (s)   [kafijas dzirnaviņas]

chaleira (f)   tējkanna (s)   [te:jkanna]
bule (m)   tējkanna (s)   [te:jkanna]
tampa (f)   vāciņš (v)   [va:tsiɲʃ]
coador (m) de chá   sietiņš (v)   [siɛtiɲʃ]

colher (f)   karote (s)   [karɔte]
colher (f) de chá   tējkarote (s)   [te:jkarɔte]
colher (f) de sopa   ēdamkarote (s)   [ɛ:damkarɔte]
garfo (m)   dakša (s)   [dakʃa]

faca (f)	nazis (v)	[nazis]
louça (f)	galda piederumi (v dsk)	[galda piɛdɛrumi]
prato (m)	šķīvis (v)	[ʃtʲiːvis]
pires (m)	apakštase (s)	[apakʃtase]
cálice (m)	glāzīte (s)	[glaːziːte]
copo (m)	glāze (s)	[glaːze]
chávena (f)	tase (s)	[tase]
açucareiro (m)	cukurtrauks (v)	[tsukurtrauks]
saleiro (m)	sālstrauks (v)	[saːlstrauks]
pimenteiro (m)	piparu trauciņš (v)	[piparu trautsiɲʃ]
manteigueira (f)	sviesta trauks (v)	[sviɛsta trauks]
panela, caçarola (f)	kastrolis (v)	[kastrɔlis]
frigideira (f)	panna (s)	[panna]
concha (f)	smeļamkarote (s)	[smɛlʲamkarɔte]
passador (m)	caurduris (v)	[tsaurduris]
bandeja (f)	paplāte (s)	[paplaːte]
garrafa (f)	pudele (s)	[pudɛle]
boião (m) de vidro	burka (s)	[burka]
lata (f)	bundža (s)	[bundʒa]
abre-garrafas (m)	atvere (s)	[atvɛre]
abre-latas (m)	atvere (s)	[atvɛre]
saca-rolhas (m)	korķvilķis (v)	[kɔrtʲvilʲtʲis]
filtro (m)	filtrs (v)	[filtrs]
filtrar (vt)	filtrēt	[filtreːt]
lixo (m)	atkritumi (v dsk)	[atkritumi]
balde (m) do lixo	atkritumu tvertne (s)	[atkritumu tvertne]

72. Casa de banho

quarto (m) de banho	vannas istaba (s)	[vannas istaba]
água (f)	ūdens (v)	[uːdens]
torneira (f)	krāns (v)	[kraːns]
água (f) quente	karsts ūdens (v)	[karsts uːdens]
água (f) fria	auksts ūdens (v)	[auksts uːdens]
pasta (f) de dentes	zobu pasta (s)	[zɔbu pasta]
escovar os dentes	tīrīt zobus	[tiːriːt zɔbus]
escova (f) de dentes	zobu birste (s)	[zɔbu birste]
barbear-se (vr)	skūties	[skuːtiɛs]
espuma (f) de barbear	skūšanās putas (s)	[skuːʃanaːs putas]
máquina (f) de barbear	skuveklis (v)	[skuveklis]
lavar (vt)	mazgāt	[mazgaːt]
lavar-se (vr)	mazgāties	[mazgaːtiɛs]
duche (m)	duša (s)	[duʃa]
tomar um duche	iet dušā	[iɛt duʃaː]
banheira (f)	vanna (s)	[vanna]

sanita (f)	klozetpods (v)	[klɔzetpɔds]
lavatório (m)	izlietne (s)	[izliɛtne]
sabonete (m)	ziepes (s dsk)	[ziɛpes]
saboneteira (f)	ziepju trauks (v)	[ziɛpju trauks]
esponja (f)	sūklis (v)	[su:klis]
champô (m)	šampūns (v)	[ʃampu:ns]
toalha (f)	dvielis (v)	[dviɛlis]
roupão (m) de banho	halāts (v)	[xala:ts]
lavagem (f)	veļas mazgāšana (s)	[vɛlʲas mazga:ʃana]
máquina (f) de lavar	veļas mazgājamā mašīna (s)	[vɛlʲas mazga:jama: maʃi:na]
lavar a roupa	mazgāt veļu	[mazga:t vɛlʲu]
detergente (m)	veļas pulveris (v)	[vɛlʲas pulveris]

73. Eletrodomésticos

televisor (m)	televizors (v)	[tɛlevizɔrs]
gravador (m)	magnetofons (v)	[magnetɔfɔns]
videogravador (m)	videomagnetofons (v)	[videɔmagnetɔfɔns]
rádio (m)	radio uztvērējs (v)	[radiɔ uztvɛ:re:js]
leitor (m)	atskaņotājs (v)	[atskaɲɔta:js]
projetor (m)	video projektors (v)	[videɔ prɔjektɔrs]
cinema (m) em casa	mājas kinoteātris (v)	[ma:jas kinɔtea:tris]
leitor (m) de DVD	DVD atskaņotājs (v)	[dvd atskaɲɔta:js]
amplificador (m)	pastiprinātājs (v)	[pastiprina:ta:js]
console (f) de jogos	spēļu konsole (s)	[spɛ:lʲu kɔnsɔle]
câmara (f) de vídeo	videokamera (s)	[videɔkamɛra]
máquina (f) fotográfica	fotoaparāts (v)	[fɔtɔapara:ts]
câmara (f) digital	digitālais fotoaparāts (v)	[digita:lais fɔtɔapara:ts]
aspirador (m)	putekļu sūcējs (v)	[puteklʲu su:tse:js]
ferro (m) de engomar	gludeklis (v)	[gludeklis]
tábua (f) de engomar	gludināmais dēlis (v)	[gludina:mais de:lis]
telefone (m)	tālrunis (v)	[ta:lrunis]
telemóvel (m)	mobilais tālrunis (v)	[mɔbilais ta:lrunis]
máquina (f) de escrever	rakstāmmašīna (s)	[raksta:mmaʃi:na]
máquina (f) de costura	šujmašīna (s)	[ʃujmaʃi:na]
microfone (m)	mikrofons (v)	[mikrɔfɔns]
auscultadores (m pl)	austiņas (s dsk)	[austiɲas]
controlo remoto (m)	pults (v)	[pults]
CD (m)	kompaktdisks (v)	[kɔmpaktdisks]
cassete (f)	kasete (s)	[kasɛte]
disco (m) de vinil	plate (s)	[plate]

A TERRA. TEMPO

74. Espaço sideral

cosmos (m)	kosmoss (v)	[kɔsmɔs]
cósmico	kosmiskais	[kɔsmiskais]
espaço (m) cósmico	kosmiskā telpa (s)	[kɔsmiska: telpa]
mundo (m)	visums (v)	[visums]
universo (m)	pasaule (s)	[pasaule]
galáxia (f)	galaktika (s)	[galaktika]
estrela (f)	zvaigzne (s)	[zvaigzne]
constelação (f)	zvaigznājs (v)	[zvaigzna:js]
planeta (m)	planēta (s)	[planɛ:ta]
satélite (m)	pavadonis (v)	[pavadɔnis]
meteorito (m)	meteorīts (v)	[mɛteɔri:ts]
cometa (m)	komēta (s)	[kɔmɛ:ta]
asteroide (m)	asteroīds (v)	[asterɔi:ds]
órbita (f)	orbīta (s)	[ɔrbi:ta]
girar (vi)	griezties ap	[griɛzties ap]
atmosfera (f)	atmosfēra (s)	[atmɔsfɛ:ra]
Sol (m)	Saule (s)	[saule]
Sistema (m) Solar	Saules sistēma (s)	[saules sistɛ:ma]
eclipse (m) solar	Saules aptumsums (v)	[saules aptumsums]
Terra (f)	Zeme (s)	[zɛme]
Lua (f)	Mēness (v)	[mɛ:nes]
Marte (m)	Marss (v)	[mars]
Vénus (f)	Venēra (s)	[vɛnɛ:ra]
Júpiter (m)	Jupiters (v)	[jupitɛrs]
Saturno (m)	Saturns (v)	[saturns]
Mercúrio (m)	Merkus (v)	[merkus]
Urano (m)	Urāns (v)	[ura:ns]
Neptuno (m)	Neptūns (v)	[neptu:ns]
Plutão (m)	Plutons (v)	[plutɔns]
Via Láctea (f)	Piena ceļš (v)	[piɛna tseļʃ]
Ursa Maior (f)	Lielais Lācis (v)	[liɛlais la:tsis]
Estrela Polar (f)	Polārzvaigzne (s)	[pɔla:rzvaigzne]
marciano (m)	marsietis (v)	[marsiɛtis]
extraterrestre (m)	citplanētietis (v)	[tsitplane:tiɛtis]
alienígena (m)	atnācējs (v)	[atna:tse:js]

disco (m) voador	lidojošais šķīvis (v)	[lidɔjɔʃais ʃtʲiːvis]
nave (f) espacial	kosmiskais kuģis (v)	[kɔsmiskais kudʲis]
estação (f) orbital	orbitālā stacija (s)	[ɔrbitaːla: statsija]
lançamento (m)	starts (v)	[starts]
motor (m)	dzinējs (v)	[dzineːjs]
bocal (m)	sprausla (s)	[sprausla]
combustível (m)	degviela (s)	[degviɛla]
cabine (f)	kabīne (s)	[kabiːne]
antena (f)	antena (s)	[antɛna]
vigia (f)	iluminators (v)	[iluminatɔrs]
bateria (f) solar	saules baterija (s)	[saules baterija]
traje (m) espacial	skafandrs (v)	[skafandrs]
imponderabilidade (f)	bezsvara stāvoklis (v)	[bezsvara sta:vɔklis]
oxigénio (m)	skābeklis (v)	[ska:beklis]
acoplagem (f)	savienošanās (s)	[saviɛnɔʃana:s]
fazer uma acoplagem	savienoties	[saviɛnɔtiɛs]
observatório (m)	observatorija (s)	[ɔbservatɔrija]
telescópio (m)	teleskops (v)	[tɛleskɔps]
observar (vt)	novērot	[nɔveːrɔt]
explorar (vt)	pētīt	[peːtiːt]

75. A Terra

Terra (f)	Zeme (s)	[zɛme]
globo terrestre (Terra)	zemeslode (s)	[zɛmeslɔde]
planeta (m)	planēta (s)	[planɛːta]
atmosfera (f)	atmosfēra (s)	[atmɔsfɛːra]
geografia (f)	ģeogrāfija (s)	[dʲeɔgraːfija]
natureza (f)	daba (s)	[daba]
globo (mapa esférico)	globuss (v)	[glɔbus]
mapa (m)	karte (s)	[karte]
atlas (m)	atlants (v)	[atlants]
Europa (f)	Eiropa (s)	[ɛirɔpa]
Ásia (f)	Āzija (s)	[aːzija]
África (f)	Āfrika (s)	[aːfrika]
Austrália (f)	Austrālija (s)	[austraːlija]
América (f)	Amerika (s)	[amerika]
América (f) do Norte	Ziemeļamerika (s)	[ziɛmɛlʲamerika]
América (f) do Sul	Dienvidamerika (s)	[diɛnvidamerika]
Antártida (f)	Antarktīda (s)	[antarktiːda]
Ártico (m)	Arktika (s)	[arktika]

76. Pontos cardeais

norte (m)	**ziemeļi** (v dsk)	[ziɛmeļi]
para norte	**uz ziemeļiem**	[uz ziɛmeļiɛm]
no norte	**ziemeļos**	[ziɛmeļɔs]
do norte	**ziemeļu**	[ziɛmɛļu]
sul (m)	**dienvidi** (v dsk)	[diɛnvidi]
para sul	**uz dienvidiem**	[uz diɛnvidiɛm]
no sul	**dienvidos**	[diɛnvidɔs]
do sul	**dienvidu**	[diɛnvidu]
oeste, ocidente (m)	**rietumi** (v dsk)	[riɛtumi]
para oeste	**uz rietumiem**	[uz riɛtumiɛm]
no oeste	**rietumos**	[riɛtumɔs]
ocidental	**rietumu**	[riɛtumu]
leste, oriente (m)	**austrumi** (v dsk)	[austrumi]
para leste	**uz austrumiem**	[uz austrumiɛm]
no leste	**austrumos**	[austrumɔs]
oriental	**austrumu**	[austrumu]

77. Mar. Oceano

mar (m)	**jūra** (s)	[ju:ra]
oceano (m)	**okeāns** (v)	[ɔkea:ns]
golfo (m)	**jūras līcis** (v)	[ju:ras li:tsis]
estreito (m)	**jūras šaurums** (v)	[ju:ras ʃaurums]
terra (f) firme	**sauszeme** (s)	[sauszɛme]
continente (m)	**kontinents** (v)	[kɔntinents]
ilha (f)	**sala** (s)	[sala]
península (f)	**pussala** (s)	[pusala]
arquipélago (m)	**arhipelāgs** (v)	[arxipɛla:gs]
baía (f)	**līcis** (v)	[li:tsis]
porto (m)	**osta** (s)	[ɔsta]
lagoa (f)	**lagūna** (s)	[lagu:na]
cabo (m)	**zemesrags** (v)	[zɛmesrags]
atol (m)	**atols** (v)	[atɔls]
recife (m)	**rifs** (v)	[rifs]
coral (m)	**korallis** (v)	[kɔrallis]
recife (m) de coral	**koraļļu rifs** (v)	[kɔralļu rifs]
profundo	**dziļš**	[dziļʃ]
profundidade (f)	**dziļums** (v)	[dziļums]
abismo (m)	**dzelme** (s)	[dzelme]
fossa (f) oceânica	**ieplaka** (s)	[iɛplaka]
corrente (f)	**straume** (s)	[straume]
banhar (vt)	**apskalot**	[apskalɔt]
litoral (m)	**krasts** (v)	[krasts]

costa (f) | piekraste (s) | [piɛkraste]
maré (f) alta | paisums (v) | [paisums]
refluxo (m), maré (f) baixa | bēgums (v) | [bɛ:gums]
restinga (f) | sēklis (v) | [se:klis]
fundo (m) | gultne (s) | [gultne]

onda (f) | vilnis (v) | [vilnis]
crista (f) da onda | viļņa mugura (s) | [viļņa mugura]
espuma (f) | putas (s) | [putas]

tempestade (f) | vētra (s) | [ve:tra]
furacão (m) | viesulis (v) | [viɛsulis]
tsunami (m) | cunami (v) | [tsunami]
calmaria (f) | bezvējš (v) | [bezve:jʃ]
calmo | mierīgs | [miɛri:gs]

polo (m) | pols (v) | [pɔls]
polar | polārais | [pɔla:rais]

latitude (f) | platums (v) | [platums]
longitude (f) | garums (v) | [garums]
paralela (f) | paralēle (s) | [paralɛ:le]
equador (m) | ekvators (v) | [ekvatɔrs]

céu (m) | debess (s) | [dɛbes]
horizonte (m) | horizonts (v) | [xɔrizɔnts]
ar (m) | gaiss (v) | [gais]

farol (m) | bāka (s) | [ba:ka]
mergulhar (vi) | nirt | [nirt]
afundar-se (vr) | nogrimt | [nɔgrimt]
tesouros (m pl) | dārgumi (v dsk) | [da:rgumi]

78. Nomes de Mares e Oceanos

Oceano (m) Atlântico | Atlantijas okeāns (v) | [atlantijas ɔkea:ns]
Oceano (m) Índico | Indijas okeāns (v) | [indijas ɔkea:ns]
Oceano (m) Pacífico | Klusais okeāns (v) | [klusais ɔkea:ns]
Oceano (m) Ártico | Ziemeļu Ledus okeāns (v) | [ziɛmeļu lɛdus ɔkea:ns]

Mar (m) Negro | Melnā jūra (s) | [melna: ju:ra]
Mar (m) Vermelho | Sarkanā jūra (s) | [sarkana: ju:ra]
Mar (m) Amarelo | Dzeltenā jūra (s) | [dzeltɛna: ju:ra]
Mar (m) Branco | Baltā jūra (s) | [balta: ju:ra]

Mar (m) Cáspio | Kaspijas jūra (s) | [kaspijas ju:ra]
Mar (m) Morto | Nāves jūra (s) | [na:ves ju:ra]
Mar (m) Mediterrâneo | Vidusjūra (s) | [vidusju:ra]

Mar (m) Egeu | Egejas jūra (s) | [ɛgejas ju:ra]
Mar (m) Adriático | Adrijas jūra (s) | [adrijas ju:ra]

Mar (m) Arábico | Arābijas jūra (s) | [ara:bijas ju:ra]
Mar (m) do Japão | Japāņu jūra (s) | [japa:ɲu ju:ra]

Mar (m) de Bering	Beringa jūra (s)	[beriŋga ju:ra]
Mar (m) da China Meridional	Dienvidķīnas jūra (s)	[diɛnvidtʲi:nas ju:ra]
Mar (m) de Coral	Koraļļu jūra (s)	[koralʲu ju:ra]
Mar (m) de Tasman	Tasmāna jūra (s)	[tasma:na ju:ra]
Mar (m) do Caribe	Karību jūra (s)	[kari:bu ju:ra]
Mar (m) de Barents	Barenca jūra (s)	[barentsa ju:ra]
Mar (m) de Kara	Karas jūra (s)	[karas ju:ra]
Mar (m) do Norte	Ziemeļjūra (s)	[ziɛmelʲju:ra]
Mar (m) Báltico	Baltijas jūra (s)	[baltijas ju:ra]
Mar (m) da Noruega	Norvēģu jūra (s)	[nɔrvɛ:dʲu ju:ra]

79. Montanhas

montanha (f)	kalns (v)	[kalns]
cordilheira (f)	kalnu virkne (s)	[kalnu virkne]
serra (f)	kalnu grēda (s)	[kalnu grɛ:da]
cume (m)	virsotne (s)	[virsɔtne]
pico (m)	smaile (s)	[smaile]
sopé (m)	pakāje (s)	[paka:je]
declive (m)	nogāze (s)	[nɔga:ze]
vulcão (m)	vulkāns (v)	[vulka:ns]
vulcão (m) ativo	darvojošais vulkāns (v)	[darvɔjɔʃais vulka:ns]
vulcão (m) extinto	nodzisušais vulkāns (v)	[nɔdzisuʃais vulka:ns]
erupção (f)	izvirdums (v)	[izvirdums]
cratera (f)	krāteris (v)	[kra:teris]
magma (m)	magma (s)	[magma]
lava (f)	lava (s)	[lava]
fundido (lava ~a)	karstais	[karstais]
desfiladeiro (m)	kanjons (v)	[kanjɔns]
garganta (f)	aiza (s)	[aiza]
fenda (f)	plaisa (s)	[plaisa]
precipício (m)	bezdibenis (v)	[bezdibenis]
passo, colo (m)	pāreja (s)	[pa:reja]
planalto (m)	plato (v)	[platɔ]
falésia (f)	klints (s)	[klints]
colina (f)	pakalns (v)	[pakalns]
glaciar (m)	ledājs (v)	[lɛda:js]
queda (f) d'água	ūdenskritums (v)	[u:denskritums]
géiser (m)	geizers (v)	[gɛizɛrs]
lago (m)	ezers (v)	[ɛzɛrs]
planície (f)	līdzenums (v)	[li:dzenums]
paisagem (f)	ainava (s)	[ainava]
eco (m)	atbalss (s)	[atbals]
alpinista (m)	alpīnists (v)	[alpi:nists]

escalador (m)   klinšu kāpējs (v)   [klinʃu ka:pe:js]
conquistar (vt)   iekarot   [iɛkarɔt]
subida, escalada (f)   uzkāpšana (s)   [uzka:pʃana]

80. Nomes de montanhas

Alpes (m pl)   Alpi (v dsk)   [alpi]
monte Branco (m)   Monblāns (v)   [mɔnbla:ns]
Pirineus (m pl)   Pireneji (v dsk)   [pirɛneji]

Cárpatos (m pl)   Karpati (v dsk)   [karpati]
montes (m pl) Urais   Urālu kalni (v dsk)   [ura:lu kalni]
Cáucaso (m)   Kaukāzs (v)   [kauka:zs]
Elbrus (m)   Elbruss (v)   [elbrus]

Altai (m)   Altaja kalni (v)   [altaja kalni]
Tian Shan (m)   Tjanšana kalni (v)   [tjanʃana kalni]
Pamir (m)   Pamirs (v)   [pamirs]
Himalaias (m pl)   Himalaji (v dsk)   [ximalaji]
monte (m) Everest   Everests (v)   [ɛvɛrests]

Cordilheira (f) dos Andes   Andu kalni (v dsk)   [andu kalni]
Kilimanjaro (m)   Kilimandžaro (v)   [kilimandʒarɔ]

81. Rios

rio (m)   upe (s)   [upe]
fonte, nascente (f)   ūdens avots (v)   [u:dens avɔts]
leito (m) do rio   gultne (s)   [gultne]
bacia (f)   upes baseins (v)   [upes basɛins]
desaguar no ...   ieplūst ...   [iɛplu:st ...]

afluente (m)   pieteka (s)   [piɛtɛka]
margem (do rio)   krasts (v)   [krasts]

corrente (f)   straume (s)   [straume]
rio abaixo   plūsmas lejtecē   [plu:smas lejtetse:]
rio acima   plūsmas augštecē   [plu:smas augʃtetse:]

inundação (f)   plūdi (v dsk)   [plu:di]
cheia (f)   pali (v dsk)   [pali]
transbordar (vi)   pārplūst   [pa:rplu:st]
inundar (vt)   appludināt   [appludina:t]

banco (m) de areia   sēklis (v)   [se:klis]
rápidos (m pl)   krāce (s)   [kra:tse]

barragem (f)   dambis (v)   [dambis]
canal (m)   kanāls (v)   [kana:ls]
reservatório (m) de água   ūdenskrātuve (s)   [u:denskra:tuve]
eclusa (f)   slūžas (s)   [slu:ʒas]
corpo (m) de água   ūdenstilpe (s)   [u:denstilpe]

pântano (m)	**purvs** (v)	[purvs]
tremedal (m)	**staignājs** (v)	[staigna:js]
remoinho (m)	**virpulis** (v)	[virpulis]
arroio, regato (m)	**strauts** (v)	[strauts]
potável	**dzeramais**	[dzɛramais]
doce (água)	**sājš**	[sa:jʃ]
gelo (m)	**ledus** (v)	[lɛdus]
congelar-se (vr)	**aizsalt**	[aizsalt]

82. Nomes de rios

rio Sena (m)	**Sēna** (s)	[sɛ:na]
rio Loire (m)	**Luāra** (s)	[lua:ra]
rio Tamisa (m)	**Temza** (s)	[temza]
rio Reno (m)	**Reina** (s)	[rɛina]
rio Danúbio (m)	**Donava** (s)	[dɔnava]
rio Volga (m)	**Volga** (s)	[vɔlga]
rio Don (m)	**Dona** (s)	[dɔna]
rio Lena (m)	**Ļena** (s)	[lʲɛna]
rio Amarelo (m)	**Huanhe** (s)	[xuanxe]
rio Yangtzé (m)	**Jandzi** (s)	[jandzi]
rio Mekong (m)	**Mekonga** (s)	[mekɔŋga]
rio Ganges (m)	**Ganga** (s)	[gaŋga]
rio Nilo (m)	**Nīla** (s)	[ni:la]
rio Congo (m)	**Kongo** (s)	[kɔŋgɔ]
rio Cubango (m)	**Okavango** (s)	[ɔkavaŋgɔ]
rio Zambeze (m)	**Zambezi** (s)	[zambezi]
rio Limpopo (m)	**Limpopo** (s)	[limpɔpɔ]
rio Mississípi (m)	**Misisipi** (s)	[misisipi]

83. Floresta

floresta (f), bosque (m)	**mežs** (v)	[meʒs]
florestal	**meža**	[meʒa]
mata (f) cerrada	**meža biezoknis** (v)	[meʒa biɛzɔknis]
arvoredo (m)	**birze** (s)	[birze]
clareira (f)	**nora** (s)	[nɔra]
matagal (m)	**krūmājs** (v)	[kru:ma:js]
mato (m)	**krūmi** (v dsk)	[kru:mi]
vereda (f)	**taciņa** (s)	[tatsiɲa]
ravina (f)	**grava** (s)	[grava]
árvore (f)	**koks** (v)	[kɔks]
folha (f)	**lapa** (s)	[lapa]

folhagem (f)	lapas (s dsk)	[lapas]
queda (f) das folhas	lapkritis (v)	[lapkritis]
cair (vi)	lapas krīt	[lapas kri:t]
topo (m)	virsotne (s)	[virsɔtne]
ramo (m)	zariņš (v)	[zariɲʃ]
galho (m)	zars (v)	[zars]
botão, rebento (m)	pumpurs (v)	[pumpurs]
agulha (f)	skuja (s)	[skuja]
pinha (f)	čiekurs (v)	[tʃiɛkurs]
buraco (m) de árvore	dobums (v)	[dɔbums]
ninho (m)	ligzda (s)	[ligzda]
toca (f)	ala (s)	[ala]
tronco (m)	stumbrs (v)	[stumbrs]
raiz (f)	sakne (s)	[sakne]
casca (f) de árvore	miza (s)	[miza]
musgo (m)	sūna (s)	[su:na]
arrancar pela raiz	atcelmot	[attselmɔt]
cortar (vt)	cirst	[tsirst]
desflorestar (vt)	izcirst	[iztsirst]
toco, cepo (m)	celms (v)	[tselms]
fogueira (f)	ugunskurs (v)	[ugunskurs]
incêndio (m) florestal	ugunsgrēks (v)	[ugunsgre:ks]
apagar (vt)	dzēst	[dze:st]
guarda-florestal (m)	mežinieks (v)	[meʒiniɛks]
proteção (f)	augu aizsargāšana (s)	[augu aizsarga:ʃana]
proteger (a natureza)	dabas aizsardzība	[dabas aizsardzi:ba]
caçador (m) furtivo	malumednieks (v)	[malumedniɛks]
armadilha (f)	lamatas (s dsk)	[lamatas]
colher (cogumelos)	sēņot	[se:ɲɔt]
colher (bagas)	ogot	[ɔgɔt]
perder-se (vr)	apmaldīties	[apmaldi:tiɛs]

84. Recursos naturais

recursos (m pl) naturais	dabas resursi (v dsk)	[dabas rɛsursi]
minerais (m pl)	derīgie izrakteņi (v dsk)	[deri:giɛ izrakteɲi]
depósitos (m pl)	iegulumi (v dsk)	[iɛgulumi]
jazida (f)	atradne (s)	[atradne]
extrair (vt)	iegūt rūdu	[iɛgu:t ru:du]
extração (f)	ieguve (s)	[iɛguve]
minério (m)	rūda (s)	[ru:da]
mina (f)	raktuve (s)	[raktuve]
poço (m) de mina	šahta (s)	[ʃaxta]
mineiro (m)	ogļracis (v)	[ɔglʲratsis]
gás (m)	gāze (s)	[ga:ze]
gasoduto (m)	gāzes vads (v)	[ga:zes vads]

petróleo (m)	nafta (s)	[nafta]
oleoduto (m)	naftas vads (v)	[naftas vads]
poço (m) de petróleo	naftas tornis (v)	[naftas tornis]
torre (f) petrolífera	urbjtornis (v)	[urbjtornis]
petroleiro (m)	tankkuģis (v)	[tankkudʲis]

areia (f)	smiltis (s dsk)	[smiltis]
calcário (m)	kaļķakmens (v)	[kalʲtʲakmens]
cascalho (m)	grants (s)	[grants]
turfa (f)	kūdra (s)	[ku:dra]
argila (f)	māls (v)	[ma:ls]
carvão (m)	ogles (s dsk)	[ɔgles]

ferro (m)	dzelzs (s)	[dzelzs]
ouro (m)	zelts (v)	[zelts]
prata (f)	sudrabs (v)	[sudrabs]
níquel (m)	niķelis (v)	[nitʲelis]
cobre (m)	varš (v)	[varʃ]

zinco (m)	cinks (v)	[tsinks]
manganês (m)	mangāns (v)	[maŋga:ns]
mercúrio (m)	dzīvsudrabs (v)	[dzi:vsudrabs]
chumbo (m)	svins (v)	[svins]

mineral (m)	minerāls (v)	[minɛra:ls]
cristal (m)	kristāls (v)	[krista:ls]
mármore (m)	marmors (v)	[marmɔrs]
urânio (m)	urāns (v)	[ura:ns]

85. Tempo

tempo (m)	laiks (v)	[laiks]
previsão (f) do tempo	laika prognoze (s)	[laika prɔgnɔze]
temperatura (f)	temperatūra (s)	[tempɛratu:ra]
termómetro (m)	termometrs (v)	[termɔmetrs]
barómetro (m)	barometrs (v)	[barɔmetrs]

húmido	mitrs	[mitrs]
humidade (f)	mitrums (v)	[mitrums]
calor (m)	tveice (s)	[tvɛitse]
cálido	karsts	[karsts]
está muito calor	karsts laiks	[karsts laiks]

está calor	silts laiks	[silts laiks]
quente	silts	[silts]

está frio	auksts laiks	[auksts laiks]
frio	auksts	[auksts]

sol (m)	saule (s)	[saule]
brilhar (vi)	spīd saule	[spi:d saule]
de sol, ensolarado	saulains	[saulains]
nascer (vi)	uzlēkt	[uzle:kt]
pôr-se (vr)	rietēt	[riɛte:t]

nuvem (f)	mākonis (v)	[ma:konis]
nublado	mākoņains	[ma:koɲains]
nuvem (f) preta	melns mākonis (v)	[melns ma:konis]
escuro, cinzento	apmācies	[apma:tsiɛs]

chuva (f)	lietus (v)	[liɛtus]
está a chover	līst lietus	[li:st liɛtus]
chuvoso	lietains	[liɛtains]
chuviscar (vi)	smidzina	[smidzina]

chuva (f) torrencial	stiprs lietus (v)	[stiprs liɛtus]
chuvada (f)	lietusgāze (s)	[liɛtusga:ze]
forte (chuva)	stiprs	[stiprs]
poça (f)	peļķe (s)	[pelʲtʲe]
molhar-se (vr)	samirkt	[samirkt]

nevoeiro (m)	migla (s)	[migla]
de nevoeiro	miglains	[miglains]
neve (f)	sniegs (v)	[sniɛgs]
está a nevar	krīt sniegs	[kri:t sniɛgs]

86. Tempo extremo. Catástrofes naturais

trovoada (f)	pērkona negaiss (v)	[pe:rkona nɛgais]
relâmpago (m)	zibens (v)	[zibens]
relampejar (vi)	zibēt	[zibe:t]

trovão (m)	pērkons (v)	[pe:rkons]
trovejar (vi)	dārdēt	[da:rde:t]
está a trovejar	dārd pērkons	[da:rd pe:rkons]

granizo (m)	krusa (s)	[krusa]
está a cair granizo	krīt krusa	[kri:t krusa]

inundar (vt)	appludināt	[appludina:t]
inundação (f)	ūdens plūdi (v dsk)	[u:dens plu:di]

terremoto (m)	zemestrīce (s)	[zɛmestri:tse]
abalo, tremor (m)	trieciens (v)	[triɛtsiɛns]
epicentro (m)	epicentrs (v)	[epitsentrs]

erupção (f)	izvirdums (v)	[izvirdums]
lava (f)	lava (s)	[lava]

turbilhão (m)	virpuļvētra (s)	[virpulʲve:tra]
tornado (m)	tornado (v)	[tornadɔ]
tufão (m)	taifūns (v)	[taifu:ns]

furacão (m)	viesulis (v)	[viɛsulis]
tempestade (f)	vētra (s)	[ve:tra]
tsunami (m)	cunami (v)	[tsunami]

ciclone (m)	ciklons (v)	[tsiklɔns]
mau tempo (m)	slikts laiks (v)	[slikts laiks]

incêndio (m)	**ugunsgrēks** (v)	[ugunsgre:ks]
catástrofe (f)	**katastrofa** (s)	[katastrofa]
meteorito (m)	**meteorīts** (v)	[mɛteɔri:ts]
avalanche (f)	**lavīna** (s)	[lavi:na]
deslizamento (m) de neve	**sniega gāze** (s)	[snɪɛga ga:ze]
nevasca (f)	**sniegputenis** (v)	[snɪɛgputenis]
tempestade (f) de neve	**sniega vētra** (s)	[snɪɛga ve:tra]

FAUNA

87. Mamíferos. Predadores

predador (m)	plēsoņa (s)	[ple:sɔɲa]
tigre (m)	tīģeris (v)	[ti:dʲeris]
leão (m)	lauva (s)	[lauva]
lobo (m)	vilks (v)	[vilks]
raposa (f)	lapsa (s)	[lapsa]
jaguar (m)	jaguārs (v)	[jagua:rs]
leopardo (m)	leopards (v)	[leɔpards]
chita (f)	gepards (v)	[gɛpards]
pantera (f)	pantera (s)	[pantɛra]
puma (m)	puma (s)	[puma]
leopardo-das-neves (m)	sniega leopards (v)	[sniɛga leɔpards]
lince (m)	lūsis (v)	[lu:sis]
coiote (m)	koijots (v)	[kɔijɔts]
chacal (m)	šakālis (v)	[ʃaka:lis]
hiena (f)	hiēna (s)	[xiɛ:na]

88. Animais selvagens

animal (m)	dzīvnieks (v)	[dzi:vniɛks]
besta (f)	zvērs (v)	[zvɛ:rs]
esquilo (m)	vāvere (s)	[va:vɛre]
ouriço (m)	ezis (v)	[ɛzis]
lebre (f)	zaķis (v)	[zatʲis]
coelho (m)	trusis (v)	[trusis]
texugo (m)	āpsis (v)	[a:psis]
guaxinim (m)	jenots (v)	[jenɔts]
hamster (m)	kāmis (v)	[ka:mis]
marmota (f)	murkšķis (v)	[murkʃtʲis]
toupeira (f)	kurmis (v)	[kurmis]
rato (m)	pele (s)	[pɛle]
ratazana (f)	žurka (s)	[ʒurka]
morcego (m)	sikspārnis (v)	[sikspa:rnis]
arminho (m)	sermulis (v)	[sermulis]
zibelina (f)	sabulis (v)	[sabulis]
marta (f)	cauna (s)	[tsauna]
doninha (f)	zebiekste (s)	[zebiɛkste]
vison (m)	ūdele (s)	[u:dɛle]

castor (m)	**bebrs** (v)	[bebrs]
lontra (f)	**ūdrs** (v)	[u:drs]

cavalo (m)	**zirgs** (v)	[zirgs]
alce (m)	**alnis** (v)	[alnis]
veado (m)	**briedis** (v)	[briɛdis]
camelo (m)	**kamielis** (v)	[kamiɛlis]

bisão (m)	**bizons** (v)	[bizɔns]
auroque (m)	**sumbrs** (v)	[sumbrs]
búfalo (m)	**bifelis** (v)	[bifelis]

zebra (f)	**zebra** (s)	[zebra]
antílope (m)	**antilope** (s)	[antilɔpe]
corça (f)	**stirna** (s)	[stirna]
gamo (m)	**dambriedis** (v)	[dambriɛdis]
camurça (f)	**kalnu kaza** (s)	[kalnu kaza]
javali (m)	**mežacūka** (s)	[meʒatsu:ka]

baleia (f)	**valis** (v)	[valis]
foca (f)	**ronis** (v)	[rɔnis]
morsa (f)	**valzirgs** (v)	[valzirgs]
urso-marinho (m)	**kotiks** (v)	[kɔtiks]
golfinho (m)	**delfīns** (v)	[delfi:ns]

urso (m)	**lācis** (v)	[la:tsis]
urso (m) branco	**baltais lācis** (v)	[baltais la:tsis]
panda (m)	**panda** (s)	[panda]

macaco (em geral)	**pērtiķis** (v)	[pe:rtitʲis]
chimpanzé (m)	**šimpanze** (s)	[ʃimpanze]
orangotango (m)	**orangutāns** (v)	[ɔranguta:ns]
gorila (m)	**gorilla** (s)	[gɔrilla]
macaco (m)	**makaks** (v)	[makaks]
gibão (m)	**gibons** (v)	[gibɔns]

elefante (m)	**zilonis** (v)	[zilɔnis]
rinoceronte (m)	**degunradzis** (v)	[dɛgunradzis]
girafa (f)	**žirafe** (s)	[ʒirafe]
hipopótamo (m)	**nīlzirgs** (v)	[ni:lzirgs]

canguru (m)	**ķengurs** (v)	[tʲeŋgurs]
coala (m)	**koala** (s)	[kɔala]

mangusto (m)	**mangusts** (v)	[maŋgusts]
chinchila (f)	**šinšilla** (s)	[ʃinʃilla]
doninha-fedorenta (f)	**skunkss** (v)	[skunks]
porco-espinho (m)	**dzeloņcūka** (s)	[dzelɔɲtsu:ka]

89. Animais domésticos

gata (f)	**kaķis** (v)	[katʲis]
gato (m) macho	**runcis** (v)	[runtsis]
cão (m)	**suns** (v)	[sʊns]

cavalo (m)	zirgs (v)	[zirgs]
garanhão (m)	ērzelis (v)	[e:rzelis]
égua (f)	ķēve (s)	[tʲɛ:ve]

vaca (f)	govs (s)	[gɔvs]
touro (m)	bullis (v)	[bullis]
boi (m)	vērsis (v)	[vɛ:rsis]

ovelha (f)	aita (s)	[aita]
carneiro (m)	auns (v)	[auns]
cabra (f)	kaza (s)	[kaza]
bode (m)	āzis (v)	[a:zis]

| burro (m) | ēzelis (v) | [ɛ:zelis] |
| mula (f) | mūlis (v) | [mu:lis] |

porco (m)	cūka (s)	[tsu:ka]
leitão (m)	sivēns (v)	[sive:ns]
coelho (m)	trusis (v)	[trusis]

| galinha (f) | vista (s) | [vista] |
| galo (m) | gailis (v) | [gailis] |

pata (f)	pīle (s)	[pi:le]
pato (macho)	pīļtēviņš (v)	[pi:lʲte:viɲʃ]
ganso (m)	zoss (s)	[zɔs]

| peru (m) | tītars (v) | [ti:tars] |
| perua (f) | tītaru mātīte (s) | [ti:taru ma:ti:te] |

animais (m pl) domésticos	mājdzīvnieki (v dsk)	[ma:jdzi:vniɛki]
domesticado	pieradināts	[piɛradina:ts]
domesticar (vt)	pieradināt	[piɛradina:t]
criar (vt)	audzēt	[audze:t]

quinta (f)	saimniecība (s)	[saimniɛtsi:ba]
aves (f pl) domésticas	mājputni (v dsk)	[ma:jputni]
gado (m)	liellopi (v dsk)	[liɛllɔpi]
rebanho (m), manada (f)	ganāmpulks (v)	[gana:mpulks]

estábulo (m)	zirgu stallis (v)	[zirgu stallis]
pocilga (f)	cūkkūts (s)	[tsu:kku:ts]
estábulo (m)	kūts (s)	[ku:ts]
coelheira (f)	trušu būda (s)	[truʃu bu:da]
galinheiro (m)	vistu kūts (s)	[vistu ku:ts]

90. Pássaros

pássaro (m), ave (f)	putns (v)	[putns]
pombo (m)	balodis (v)	[balɔdis]
pardal (m)	zvirbulis (v)	[zvirbulis]
chapim-real (m)	zīlīte (s)	[zi:li:te]
pega-rabuda (f)	žagata (s)	[ʒagata]
corvo (m)	krauklis (v)	[krauklis]

gralha (f) cinzenta	vārna (s)	[va:rna]
gralha-de-nuca-cinzenta (f)	kovārnis (v)	[kɔva:rnis]
gralha-calva (f)	krauķis (v)	[kraut'is]
pato (m)	pīle (s)	[pi:le]
ganso (m)	zoss (s)	[zɔs]
faisão (m)	fazāns (v)	[faza:ns]
águia (f)	ērglis (v)	[e:rglis]
açor (m)	vanags (v)	[vanags]
falcão (m)	piekūns (v)	[piɛku:ns]
abutre (m)	grifs (v)	[grifs]
condor (m)	kondors (v)	[kɔndɔrs]
cisne (m)	gulbis (v)	[gulbis]
grou (m)	dzērve (s)	[dze:rve]
cegonha (f)	stārķis (v)	[sta:rt'is]
papagaio (m)	papagailis (v)	[papagailis]
beija-flor (m)	kolibri (v)	[kɔlibri]
pavão (m)	pāvs (v)	[pa:vs]
avestruz (m)	strauss (v)	[straus]
garça (f)	gārnis (v)	[ga:rnis]
flamingo (m)	flamings (v)	[flamiŋgs]
pelicano (m)	pelikāns (v)	[pelika:ns]
rouxinol (m)	lakstīgala (s)	[laksti:gala]
andorinha (f)	bezdelīga (s)	[bezdeli:ga]
tordo-zornal (m)	strazds (v)	[strazds]
tordo-músico (m)	dziedātājstrazds (v)	[dziɛda:ta:jstrazds]
melro-preto (m)	melnais strazds (v)	[melnais strazds]
andorinhão (m)	svīre (s)	[svi:re]
cotovia (f)	cīrulis (v)	[tsi:rulis]
codorna (f)	paipala (s)	[paipala]
pica-pau (m)	dzenis (v)	[dzenis]
cuco (m)	dzeguze (s)	[dzɛguze]
coruja (f)	pūce (s)	[pu:tse]
corujão, bufo (m)	ūpis (v)	[u:pis]
tetraz-grande (m)	mednis (v)	[mednis]
tetraz-lira (m)	rubenis (v)	[rubenis]
perdiz-cinzenta (f)	irbe (s)	[irbe]
estorninho (m)	mājas strazds (v)	[ma:jas strazds]
canário (m)	kanārijputniņš (v)	[kana:rijputniŋʃ]
galinha-do-mato (f)	meža irbe (s)	[meʒa irbe]
tentilhão (m)	žubīte (s)	[ʒubi:te]
dom-fafe (m)	svilpis (v)	[svilpis]
gaivota (f)	kaija (s)	[kaija]
albatroz (m)	albatross (v)	[albatrɔs]
pinguim (m)	pingvīns (v)	[piŋgvi:ns]

91. Peixes. Animais marinhos

brema (f)	plaudis (v)	[plaudis]
carpa (f)	karpa (s)	[karpa]
perca (f)	asaris (v)	[asaris]
siluro (m)	sams (v)	[sams]
lúcio (m)	līdaka (s)	[li:daka]
salmão (m)	lasis (v)	[lasis]
esturjão (m)	store (s)	[stɔre]
arenque (m)	siļķe (s)	[silʲtʲe]
salmão (m)	lasis (v)	[lasis]
cavala, sarda (f)	skumbrija (s)	[skumbrija]
solha (f)	bute (s)	[bute]
lúcio perca (m)	zandarts (v)	[zandarts]
bacalhau (m)	menca (s)	[mentsa]
atum (m)	tuncis (v)	[tuntsis]
truta (f)	forele (s)	[fɔrɛle]
enguia (f)	zutis (v)	[zutis]
raia elétrica (f)	elektriskā raja (s)	[ɛlektriska: raja]
moreia (f)	murēna (s)	[murɛ:na]
piranha (f)	piraija (s)	[piraija]
tubarão (m)	haizivs (s)	[xaizivs]
golfinho (m)	delfīns (v)	[delfi:ns]
baleia (f)	valis (v)	[valis]
caranguejo (m)	krabis (v)	[krabis]
medusa, alforreca (f)	medūza (s)	[mɛdu:za]
polvo (m)	astoņkājis (v)	[astɔŋka:jis]
estrela-do-mar (f)	jūras zvaigzne (s)	[ju:ras zvaigzne]
ouriço-do-mar (m)	jūras ezis (v)	[ju:ras ezis]
cavalo-marinho (m)	jūras zirdziņš (v)	[ju:ras zirdziɲʃ]
ostra (f)	austere (s)	[austɛre]
camarão (m)	garnele (s)	[garnɛle]
lavagante (m)	omārs (v)	[ɔma:rs]
lagosta (f)	langusts (v)	[laŋgusts]

92. Amfíbios. Répteis

serpente, cobra (f)	čūska (s)	[tʃu:ska]
venenoso	indīga	[indi:ga]
víbora (f)	odze (s)	[ɔdze]
cobra-capelo, naja (f)	kobra (s)	[kɔbra]
pitão (m)	pitons (v)	[pitɔns]
jiboia (f)	žņaudzējčūska (s)	[ʒɲaudze:jtʃu:ska]
cobra-de-água (f)	zalktis (v)	[zalktis]

cascavel (f)	klaburčūska (s)	[klaburtʃuːska]
anaconda (f)	anakonda (s)	[anakɔnda]
lagarto (m)	ķirzaka (s)	[tʲirzaka]
iguana (f)	iguāna (s)	[iguaːna]
varano (m)	varāns (v)	[varaːns]
salamandra (f)	salamandra (s)	[salamandra]
camaleão (m)	hameleons (v)	[xamɛleɔns]
escorpião (m)	skorpions (v)	[skɔrpiɔns]
tartaruga (f)	bruņurupucis (v)	[bruɲuruputsis]
rã (f)	varde (s)	[varde]
sapo (m)	krupis (v)	[krupis]
crocodilo (m)	krokodils (v)	[krɔkɔdils]

93. Insetos

inseto (m)	kukainis (v)	[kukainis]
borboleta (f)	taurenis (v)	[taurenis]
formiga (f)	skudra (s)	[skudra]
mosca (f)	muša (s)	[muʃa]
mosquito (m)	ods (v)	[ɔds]
escaravelho (m)	vabole (s)	[vabɔle]
vespa (f)	lapsene (s)	[lapsɛne]
abelha (f)	bite (s)	[bite]
mamangava (f)	kamene (s)	[kamɛne]
moscardo (m)	dundurs (v)	[dundurs]
aranha (f)	zirneklis (v)	[zirneklis]
teia (f) de aranha	zirnekļtīkls (v)	[zirneklʲtiːkls]
libélula (f)	spāre (s)	[spaːre]
gafanhoto-do-campo (m)	sienāzis (v)	[siɛnaːzis]
traça (f)	tauriņš (v)	[tauriɲʃ]
barata (f)	prusaks (v)	[prusaks]
carraça (f)	ērce (s)	[eːrtse]
pulga (f)	blusa (s)	[blusa]
borrachudo (m)	knislis (v)	[knislis]
gafanhoto (m)	sisenis (v)	[sisenis]
caracol (m)	gliemezis (v)	[gliɛmezis]
grilo (m)	circenis (v)	[tsirtsenis]
pirilampo (m)	jāņtārpiņš (v)	[jaːɲtaːrpiɲʃ]
joaninha (f)	mārīte (s)	[maːriːte]
besouro (m)	maijvabole (s)	[maijvabɔle]
sanguessuga (f)	dēle (s)	[dɛːle]
lagarta (f)	kāpurs (v)	[kaːpurs]
minhoca (f)	tārps (v)	[taːrps]
larva (f)	kāpurs (v)	[kaːpurs]

FLORA

94. Árvores

árvore (f)	koks (v)	[kɔks]
decídua	lapu koks	[lapu kɔks]
conífera	skujkoks	[skujkɔks]
perene	mūžzaļš	[muːʒzalʲʃ]

macieira (f)	ābele (s)	[aːbɛle]
pereira (f)	bumbiere (s)	[bumbiɛre]
cerejeira (f)	saldais ķirsis (v)	[saldais tʲirsis]
ginjeira (f)	skābais ķirsis (v)	[skaːbais tʲirsis]
ameixeira (f)	plūme (s)	[pluːme]

bétula (f)	bērzs (v)	[beːrzs]
carvalho (m)	ozols (v)	[ɔzɔls]
tília (f)	liepa (s)	[liɛpa]
choupo-tremedor (m)	apse (s)	[apse]
bordo (m)	kļava (s)	[klʲava]
espruce-europeu (m)	egle (s)	[egle]
pinheiro (m)	priede (s)	[priɛde]
alerce, lariço (m)	lapegle (s)	[lapegle]
abeto (m)	dižegle (s)	[diʒegle]
cedro (m)	ciedrs (v)	[tsiɛdrs]

choupo, álamo (m)	papele (s)	[papɛle]
tramazeira (f)	pīlādzis (v)	[piːlaːdzis]
salgueiro (m)	vītols (v)	[viːtɔls]
amieiro (m)	alksnis (v)	[alksnis]
faia (f)	dižskābardis (v)	[diʒskaːbardis]
ulmeiro (m)	vīksna (s)	[viːksna]
freixo (m)	osis (v)	[ɔsis]
castanheiro (m)	kastaņa (s)	[kastaɲa]

magnólia (f)	magnolija (s)	[magnɔlija]
palmeira (f)	palma (s)	[palma]
cipreste (m)	ciprese (s)	[tsiprɛse]

mangue (m)	mango koks (v)	[maŋgɔ kɔks]
embondeiro, baobá (m)	baobabs (v)	[baɔbabs]
eucalipto (m)	eikalipts (v)	[ɛikalipts]
sequoia (f)	sekvoja (s)	[sekvɔja]

95. Arbustos

arbusto (m)	Krūms (v)	[kruːms]
arbusto (m), moita (f)	krūmājs (v)	[kruːmaːjs]

| videira (f) | vīnogas (v) | [vi:nɔgas] |
| vinhedo (m) | vīnogulājs (v) | [vi:nɔgula:js] |

framboeseira (f)	avenājs (v)	[avɛna:js]
groselheira-preta (f)	upeņu krūms (v)	[upɛɲu kru:ms]
groselheira-vermelha (f)	sarkano jāņogu krūms (v)	[sarkanɔ ja:ɲɔgu kru:ms]
groselheira (f) espinhosa	ērkšķogu krūms (v)	[e:rkʃtʲɔgu kru:ms]

acácia (f)	akācija (s)	[aka:tsija]
bérberis (f)	bārbele (s)	[ba:rbɛle]
jasmim (m)	jasmīns (v)	[jasmi:ns]

junípero (m)	kadiķis (v)	[kaditʲis]
roseira (f)	rožu krūms (v)	[rɔʒu kru:ms]
roseira (f) brava	mežroze (s)	[meʒrɔze]

96. Frutos. Bagas

fruta (f)	auglis (v)	[auglis]
frutas (f pl)	augļi (v dsk)	[auglʲi]
maçã (f)	ābols (v)	[a:bols]
pera (f)	bumbieris (v)	[bumbiɛris]
ameixa (f)	plūme (s)	[plu:me]

morango (m)	zemene (s)	[zɛmɛne]
ginja (f)	skābais ķirsis (v)	[ska:bais tʲirsis]
cereja (f)	saldais ķirsis (v)	[saldais tʲirsis]
uva (f)	vīnoga (s)	[vi:nɔga]

framboesa (f)	avene (s)	[avɛne]
groselha (f) preta	upene (s)	[upɛne]
groselha (f) vermelha	sarkanā jāņoga (s)	[sarkana: ja:ɲɔga]
groselha (f) espinhosa	ērkšķoga (s)	[e:rkʃtʲɔga]
oxicoco (m)	dzērvene (s)	[dze:rvɛne]

laranja (f)	apelsīns (v)	[apɛlsi:ns]
tangerina (f)	mandarīns (v)	[mandari:ns]
ananás (m)	ananāss (v)	[anana:s]

| banana (f) | banāns (v) | [bana:ns] |
| tâmara (f) | datele (s) | [datɛle] |

limão (m)	citrons (v)	[tsitrɔns]
damasco (m)	aprikoze (s)	[aprikɔze]
pêssego (m)	persiks (v)	[pɛrsiks]

| kiwi (m) | kivi (v) | [kivi] |
| toranja (f) | greipfrūts (v) | [grɛipfru:ts] |

baga (f)	oga (s)	[ɔga]
bagas (f pl)	ogas (s dsk)	[ɔgas]
arando (m) vermelho	brūklene (s)	[bru:klɛne]
morango-silvestre (m)	meža zemene (s)	[meʒa zɛmɛne]
mirtilo (m)	mellene (s)	[mellɛne]

97. Flores. Plantas

flor (f)	**zieds** (v)	[ziɛds]
ramo (m) de flores	**ziedu pušķis** (v)	[ziɛdu puʃlʲis]
rosa (f)	**roze** (s)	[rɔze]
tulipa (f)	**tulpe** (s)	[tulpe]
cravo (m)	**neļķe** (s)	[nelʲtʲe]
gladíolo (m)	**gladiola** (s)	[gladiola]
centáurea (f)	**rudzupuķīte** (s)	[rudzuputlʲi:te]
campânula (f)	**pulkstenīte** (s)	[pulksteni:te]
dente-de-leão (m)	**pienenīte** (s)	[piɛneni:te]
camomila (f)	**kumelīte** (s)	[kumeli:te]
aloé (m)	**alveja** (s)	[alveja]
cato (m)	**kaktuss** (v)	[kaktus]
fícus (m)	**gumijkoks** (v)	[gumijkɔks]
lírio (m)	**lilija** (s)	[lilija]
gerânio (m)	**ģerānija** (s)	[dlʲɛra:nija]
jacinto (m)	**hiacinte** (s)	[xiatsinte]
mimosa (f)	**mimoza** (s)	[mimɔza]
narciso (m)	**narcise** (s)	[nartsise]
capuchinha (f)	**krese** (s)	[krɛse]
orquídea (f)	**orhideja** (s)	[ɔrxideja]
peónia (f)	**pujene** (s)	[pujene]
violeta (f)	**vijolīte** (s)	[vijɔli:te]
amor-perfeito (m)	**atraitnītes** (s dsk)	[atraitni:tes]
não-me-esqueças (m)	**neaizmirstule** (s)	[neaizmirstule]
margarida (f)	**margrietiņa** (s)	[margriɛtiɲa]
papoula (f)	**magone** (s)	[magɔne]
cânhamo (m)	**kaņepe** (s)	[kaɲɛpe]
hortelã (f)	**mētra** (s)	[me:tra]
lírio-do-vale (m)	**maijpuķīte** (s)	[maijputlʲi:te]
campânula-branca (f)	**sniegpulkstenīte** (s)	[sniɛgpulksteni:te]
urtiga (f)	**nātre** (s)	[na:tre]
azeda (f)	**skābene** (s)	[ska:bɛne]
nenúfar (m)	**ūdensroze** (s)	[u:densrɔze]
feto (m), samambaia (f)	**paparde** (s)	[paparde]
líquen (m)	**ķērpis** (v)	[tlʲe:rpis]
estufa (f)	**oranžērija** (s)	[ɔranʒe:rija]
relvado (m)	**zālājs** (v)	[za:la:js]
canteiro (m) de flores	**puķu dobe** (s)	[putlʲu dɔbe]
planta (f)	**augs** (v)	[augs]
erva (f)	**zāle** (s)	[za:le]
folha (f) de erva	**zālīte** (s)	[za:li:te]

folha (f)	lapa (s)	[lapa]
pétala (f)	lapiņa (s)	[lapiɲa]
talo (m)	stiebrs (v)	[stiɛbrs]
tubérculo (m)	bumbulis (v)	[bumbulis]

| broto, rebento (m) | dīglis (v) | [di:glis] |
| espinho (m) | ērkšķis (v) | [e:rkʃtʲis] |

florescer (vi)	ziedēt	[ziɛde:t]
murchar (vi)	novīt	[nɔvi:t]
cheiro (m)	smarža (s)	[smarʒa]
cortar (flores)	nogriezt	[nɔgriɛzt]
colher (uma flor)	noplūkt	[nɔplu:kt]

98. Cereais, grãos

grão (m)	graudi (v dsk)	[graudi]
cereais (plantas)	graudaugi (v dsk)	[graudaugi]
espiga (f)	vārpa (s)	[va:rpa]

trigo (m)	kvieši (v dsk)	[kviɛʃi]
centeio (m)	rudzi (v dsk)	[rudzi]
aveia (f)	auzas (s dsk)	[auzas]
milho-miúdo (m)	prosa (s)	[prɔsa]
cevada (f)	mieži (v dsk)	[miɛʒi]

milho (m)	kukurūza (s)	[kukuru:za]
arroz (m)	rīsi (v dsk)	[ri:si]
trigo-sarraceno (m)	griķi (v dsk)	[gritʲi]

ervilha (f)	zirnis (v)	[zirnis]
feijão (m)	pupiņas (s dsk)	[pupiɲas]
soja (f)	soja (s)	[sɔja]
lentilha (f)	lēcas (s dsk)	[le:tsas]
fava (f)	pupas (s dsk)	[pupas]

PAÍSES DO MUNDO

99. Países. Parte 1

Afeganistão (m)	Afganistāna (s)	[afganista:na]
África do Sul (f)	Dienvidāfrikas Republika (s)	[diɛnvida:frikas rɛpublika]
Albânia (f)	Albānija (s)	[alba:nija]
Alemanha (f)	Vācija (s)	[va:tsija]
Arábia (f) Saudita	Saūda Arābija (s)	[sau:da ara:bija]
Argentina (f)	Argentīna (s)	[argenti:na]
Arménia (f)	Armēnija (s)	[arme:nija]
Austrália (f)	Austrālija (s)	[austra:lija]
Áustria (f)	Austrija (s)	[austrija]
Azerbaijão (m)	Azerbaidžāna (s)	[azerbaidʒa:na]
Bahamas (f pl)	Bahamu salas (s dsk)	[baxamu salas]
Bangladesh (m)	Bangladeša (s)	[baŋgladeʃa]
Bélgica (f)	Beļģija (s)	[belʲdʲija]
Bielorrússia (f)	Baltkrievija (s)	[baltkriɛvija]
Bolívia (f)	Bolīvija (s)	[bɔli:vija]
Bósnia e Herzegovina (f)	Bosnija un Hercegovina (s)	[bɔsnija un xertsegɔvina]
Brasil (m)	Brazīlija (s)	[brazi:lija]
Bulgária (f)	Bulgārija (s)	[bulga:rija]
Camboja (f)	Kambodža (s)	[kambɔdʒa]
Canadá (m)	Kanāda (s)	[kana:da]
Cazaquistão (m)	Kazahstāna (s)	[kazaxsta:na]
Chile (m)	Čīle (s)	[tʃi:le]
China (f)	Ķīna (s)	[tʲi:na]
Chipre (m)	Kipra (s)	[kipra]
Colômbia (f)	Kolumbija (s)	[kɔlumbija]
Coreia do Norte (f)	Ziemeļkoreja (s)	[ziɛmelʲkɔreja]
Coreia do Sul (f)	Dienvidkoreja (s)	[diɛnvidkɔreja]
Croácia (f)	Horvātija (s)	[xɔrva:tija]
Cuba (f)	Kuba (s)	[kuba]
Dinamarca (f)	Dānija (s)	[da:nija]
Egito (m)	Ēģipte (s)	[e:dʲipte]
Emirados Árabes Unidos	Apvienotie Arābu Emirāti (v dsk)	[apviɛnotiɛ ara:bu emira:ti]
Equador (m)	Ekvadora (s)	[ekvadɔra]
Escócia (f)	Skotija (s)	[skɔtija]
Eslováquia (f)	Slovākija (s)	[slɔva:kija]
Eslovénia (f)	Slovēnija (s)	[slɔve:nija]
Espanha (f)	Spānija (s)	[spa:nija]
Estados Unidos da América	Amerikas Savienotās Valstis (s dsk)	[amerikas saviɛnɔta:s valstis]
Estónia (f)	Igaunija (s)	[igaunija]

| Finlândia (f) | Somija (s) | [somija] |
| França (f) | Francija (s) | [frantsija] |

100. Países. Parte 2

Gana (f)	Gana (s)	[gana]
Geórgia (f)	Gruzija (s)	[gruzija]
Grã-Bretanha (f)	Lielbritānija (s)	[lielbrita:nija]
Grécia (f)	Grieķija (s)	[grietʲija]
Haiti (m)	Haiti (v)	[xaiti]
Hungria (f)	Ungārija (s)	[uŋga:rija]
Índia (f)	Indija (s)	[indija]

Indonésia (f)	Indonēzija (s)	[indone:zija]
Inglaterra (f)	Anglija (s)	[aŋglija]
Irão (m)	Irāna (s)	[ira:na]
Iraque (m)	Irāka (s)	[ira:ka]
Irlanda (f)	Īrija (s)	[i:rija]
Islândia (f)	Īslande (s)	[i:slande]
Israel (m)	Izraēla (s)	[izraɛ:la]

Itália (f)	Itālija (s)	[ita:lija]
Jamaica (f)	Jamaika (s)	[jamaika]
Japão (m)	Japāna (s)	[japa:na]
Jordânia (f)	Jordānija (s)	[jorda:nija]
Kuwait (m)	Kuveita (s)	[kuvɛita]

| Laos (m) | Laosa (s) | [laosa] |
| Letónia (f) | Latvija (s) | [latvija] |

Líbano (m)	Libāna (s)	[liba:na]
Líbia (f)	Lībija (s)	[li:bija]
Liechtenstein (m)	Lihtenšteina (s)	[lixtenʃtɛina]
Lituânia (f)	Lietuva (s)	[liɛtuva]
Luxemburgo (m)	Luksemburga (s)	[luksemburga]

| Macedónia (f) | Maķedonija (s) | [matʲedonija] |
| Madagáscar (m) | Madagaskara (s) | [madagaskara] |

Malásia (f)	Malaizija (s)	[malaizija]
Malta (f)	Malta (s)	[malta]
Marrocos	Maroka (s)	[maroka]
México (m)	Meksika (s)	[meksika]
Myanmar (m), Birmânia (f)	Mjanma (s)	[mjanma]

| Moldávia (f) | Moldova (s) | [moldova] |
| Mónaco (m) | Monako (s) | [monakɔ] |

Mongólia (f)	Mongolija (s)	[moŋgolija]
Montenegro (m)	Melnkalne (s)	[melnkalne]
Namíbia (f)	Namībija (s)	[nami:bija]
Nepal (m)	Nepāla (s)	[nɛpa:la]
Noruega (f)	Norvēģija (s)	[norve:dʲija]
Nova Zelândia (f)	Jaunzēlande (s)	[jaunzɛ:lande]

101. Países. Parte 3

Países (m pl) Baixos	Nīderlande (s)	[ni:derlande]
Palestina (f)	Palestīna (s)	[palesti:na]
Panamá (m)	Panama (s)	[panama]
Paquistão (m)	Pakistāna (s)	[pakista:na]
Paraguai (m)	Paragvaja (s)	[paragvaja]
Peru (m)	Peru (v)	[pɛru]
Polinésia Francesa (f)	Franču Polinēzija (s)	[frantʃu poline:zija]
Polónia (f)	Polija (s)	[polija]
Portugal (m)	Portugāle (s)	[portuga:le]
Quénia (f)	Kenija (s)	[kenija]
Quirguistão (m)	Kirgizstāna (s)	[kirgizsta:na]
República (f) Checa	Čehija (s)	[tʃexija]
República (f) Dominicana	Dominikas Republika (s)	[dominikas rɛpublika]
Roménia (f)	Rumānija (s)	[ruma:nija]
Rússia (f)	Krievija (s)	[kriɛvija]
Senegal (m)	Senegāla (s)	[senɛga:la]
Sérvia (f)	Serbija (s)	[serbija]
Síria (f)	Sīrija (s)	[si:rija]
Suécia (f)	Zviedrija (s)	[zviɛdrija]
Suíça (f)	Šveice (s)	[ʃvɛitse]
Suriname (m)	Surinama (s)	[surinama]
Tailândia (f)	Taizeme (s)	[taizɛme]
Taiwan (m)	Taivāna (s)	[taiva:na]
Tajiquistão (m)	Tadžikistāna (s)	[tadʒikista:na]
Tanzânia (f)	Tanzānija (s)	[tanza:nija]
Tasmânia (f)	Tasmānija (s)	[tasma:nija]
Tunísia (f)	Tunisija (s)	[tunisija]
Turquemenistão (m)	Turkmenistāna (s)	[turkmenista:na]
Turquia (f)	Turcija (s)	[turtsija]
Ucrânia (f)	Ukraina (s)	[ukraina]
Uruguai (m)	Urugvaja (s)	[urugvaja]
Uzbequistão (f)	Uzbekistāna (s)	[uzbekista:na]
Vaticano (m)	Vatikāns (v)	[vatika:ns]
Venezuela (f)	Venecuēla (s)	[vɛnetsuɛ:la]
Vietname (m)	Vjetnama (s)	[vjetnama]
Zanzibar (m)	Zanzibāra (s)	[zanziba:ra]

www.ingramcontent.com/pod-product-compliance
Lightning Source LLC
Chambersburg PA
CBHW070829050426
42452CB00011B/2223